Für alle, die sich auf den Weg machen.
Es ist Zeit – Du bist bereit!

SPRINGBOARD EDITION

Ina Brodersen

MUT hat viele Gesichter

Drei Buchstaben, die Dein Leben verändern

Impressum:
ISBN Softcover: 978-3-96496-011-5
ISBN E-Book: 978-3-96496-012-2
Verlag: Springboard Edition, Straße des Friedens 17, 07381 Pößneck, Deutschland
Produktion: BOD, Norderstedt, Deutschland

Inhaltsverzeichnis

Vorwort

„Du solltest ein Buch schreiben" – wie oft hat mein Mann mich darauf angesprochen. Irgendwas daran hat mich auch immer angesprochen, aber dann kamen jedes Mal Zweifel auf oder das Leben kam dazwischen bzw. besser gesagt: Ich habe mir nicht die innere Erlaubnis gegeben, mich auf diese Weise zu zeigen. Ich hatte nicht den Mut. Immer wieder habe ich gedacht: „Worüber soll *ich* schreiben?" Jetzt, nach vielen Jahren der freiberuflichen Tätigkeit als Coach und Mediatorin, als Mutter und Frau, die mehrfach im Leben viel hinter sich gelassen und neu begonnen hat, bin ich bereit und ich weiß, worüber ich schreiben will, wozu ich etwas beitragen kann: zum Thema Mut!

Die Erfahrung aus vielen Jahren Beratung im Bereich der persönlichen Entwicklung mit dem Schwerpunkt Biographiearbeit zeigen mir immer wieder, dass Mut etwas ganz Zentrales in unserem Leben ist und Mut viele Gesichter hat. Je nach Persönlichkeit und Thema. Je nach Zeit, Alter und Kontext.
Und Mut hat einen besten Freund: die Intuition. Gemeinsam sind sie unschlagbar. Darum geht es in diesem Buch. Es ist ein Mut-Mach-Buch. Mut, auf die eigene Intuition zu hören, ihr zu glauben und ihr als Orientierung zu vertrauen. Mut, den nächsten Schritt zu gehen auf dem ganz eigenen Weg, sich lebendig und selbstbestimmt zu fühlen.
Es ist ein sehr persönliches Buch geworden und ich möchte dir mit vielen Beispielen aus meinem eigenen Leben zeigen, dass es sich lohnt, sich auf den Weg zu machen und

- auf deine innere Stimme zu hören
- das zu tun, wo es dich hinzieht, auch wenn andere das nicht verstehen oder im Außen alles scheinbar perfekt ist
- dich aus für dich nicht mehr passenden Strukturen zu lösen
- Antworten innen statt außen zu finden
- Sicherheit im Unsicheren zu finden
- Vertrauen in deine innere Führung zu haben!

Etwas erkannt zu haben, heißt jedoch noch nicht, dass mich etwas berührt. Und wenn mich etwas nicht berührt, dann ändere ich mich nicht. Aber wenn mein eigenes Handeln im (oft krassen) Widerspruch zu meinem Selbstverständnis steht, dann kann ich es irgendwann nicht mehr ignorieren – dann berührt es mich und ich fühle, dass ich mich unwürdig mir selbst gegenüber verhalte – und beginne, mich anders mir selbst und anderen gegenüber zu verhalten.

Diese Erkenntnis, dass ich mich häufig in meinem Leben unwürdig mir selbst gegenüber verhalten habe, traf mich ziemlich unvermittelt bei einem Spaziergang an einem Wintertag am Strand und hatte einen bitteren Geschmack.
Ich blieb damals stehen und hörte mich laut zu mir sagen: Es reicht! Ich will mir nicht mehr selbst im Weg stehen. Ich will anders leben! Als das in mich sackte, wurde mir bewusst, dass ich ab diesem Moment nicht mehr *nicht* würdevoll leben kann.

Das möchte ich über dieses Buch weitergeben. Ich möchte Mut machen, sich an der eigenen Intuition zu orientieren und das Leben würdevoll in die Hand zu nehmen.

Es soll ein lebendiges, aus dem Leben gegriffenes Buch sein, sehr praxisnah und auf unsere alltäglichen Situationen und Herausforderungen bezogen – in einem essayistischen Stil. Das Buch ist aus Begegnungen entstanden und es soll Begegnung ermöglichen – Begegnung mit sich selbst, um daran zu wachsen und sich zu entfalten.

Inspiriert wurde ich beim Schreiben dieses Buches einerseits von unterschiedlichen Menschen aus meinem direkten Umfeld. Andererseits beziehe ich mich in den einzelnen Abschnitten auf verschiedene Autoren und deren Bücher, die ich im Literaturverzeichnis am Ende dieses Buches aufführe.

> *„Das Geheimnis des Glücks ist Freiheit,*
> *und das Geheimnis der Freiheit ist Mut."*
> *Perikles*

Einleitung: Mut und Ich

Wie alles begann

August 2016 – wir sind im Urlaub auf Korfu. Seit fünf Jahren bin ich beruflich selbstständig und reise sehr viel. Das ist nichts Neues für mich, ich kenne es nur zu gut aus meiner Zeit bei SAP. Jede Woche andere Länder, Kunden, Termine.
Lange hat mir das sehr gut gefallen, ich bin viel herumgekommen, habe die unterschiedlichsten Menschen und Länder kennengelernt. Doch dann sitze ich auf Korfu im Urlaub und die Erkenntnis trifft mich unerwartet (was ehrlicherweise nicht ganz stimmt, sie schlummerte schon länger in mir, ich habe nur nicht auf sie gehört; aber dazu später mehr): Ich will nicht mehr jede Woche woanders sein, mich auf fremde Räume und Gegebenheiten für meine Arbeit einstellen müssen, immer wieder Koffer packen, in anonymen Hotelzimmern übernachten, vor üppigen und doch unpersönlichen Frühstücksbuffets stehen!
Sondern ich will einen Ort schaffen, an den die Menschen mehr zu mir kommen. Einen Ort der Begegnung, der weit über mich hinaus geht, der für viele Menschen da ist und genutzt werden kann. Der einen Raum für Entfaltung und Entwicklung bietet. Einen Ort im hohen Norden, zurück am Meer.
Zum Zeitpunkt dieser Erkenntnis bin ich 49 Jahre – am Übergang eines Jahrsiebtes, einem biografisch interessanten Zeitpunkt.

Als ich meinem Mann Andreas davon erzähle, sagt er: „Worauf warten wir dann noch?". 1995 waren wir nach Süddeutschland gezogen, der Arbeit wegen. Eigentlich wollten wir gar nicht so lange dort bleiben, aber wie das Leben so ist, hatte es etwas anderes vor. Unsere beiden Töchter wurden in Speyer geboren, beruflich hatten wir uns immer mehr etabliert, Freundschaften wuchsen und es entstand ein neues Zuhause. So blieben wir über 20 Jahre. Wir sprachen zwar in regelmäßigen Abständen immer mal wieder davon, gen Norden zu gehen, doch über viele Jahre konnte ich es mir nicht wirklich vorstellen – zu viel Ungewissheit und lieb oder auch bequem gewordene Gewohnheit hielten mich davon ab.

Doch jetzt war es anders. Diese Erkenntnis auf Korfu war der Startschuss für eine weitere große Wendung in meinem Leben. Zwar kam schnell die Frage auf nach Huhn oder Ei: was brauchen wir zuerst, ein Haus oder eine Arbeit im Norden? Aber dieses Mal hielten wir uns mit der Frage nicht lange auf, sondern beschlossen, dass das, was sich zuerst ergibt, von uns aufgegriffen wird.

Woher nahm ich diesen Mut und warum hatte ich ihn nicht schon früher? Die Antwort darauf ist dieses Buch. Wann bringen wir den Mut für Veränderung auf, was leitet uns und wie schaffen wir den ersten Schritt? Wann wissen wir einfach, was richtig ist und lassen uns von nichts und niemandem aufhalten, sondern gehen den Weg, der unser Weg ist?

Mut, Intuition und Sinn sind die treibenden Kräfte. Warum das so ist und wie dieses Trio einem hilft, den ganz persönlichen

Weg zu gehen, möchte ich anhand meines eigenen Lebens und anhand vieler anderer Beispiele aufzeigen.

Zurück in Deutschland, begannen wir mit der Suche nach einem Haus im Norden – Nordsee, Ostsee, auf dem Land oder doch in die Stadt...? Schließlich wurde es Eckernförde und der Umzug folgte im August 2017, rechtzeitig zum Schulbeginn nach den Sommerferien für unsere jüngere Tochter Helena, die dort in die 11. Klasse einstieg.
Doch wie sah es mit der Arbeit aus? Dieser Aspekt stellte für meinen Mann und mich jeweils eine unterschiedliche Herausforderung dar und es zeigte sich, wie schon öfter in meinem Leben, dass es ganz gut ist, vorher nicht so genau zu wissen, was einen später erwartet. Mein Mann war damals 50 Jahre alt, hatte eine interessante Arbeitsstelle mit viel Freiheit und viel Wertschätzung. Von dieser Position aus im eher ländlichen Schleswig-Holstein eine Stelle zu finden, die ihm entspricht und auch noch in der Nähe ist, war kein Selbstläufer. Durch laufende Projekte und neue Aufgaben sind es dann letztlich 3,5 Jahre geworden, die Andreas zwischen Heidelberg und Eckernförde gependelt ist. Er kennt alle Vor- und Nachteile des Reisens mit der Deutschen Bahn und hat den Spagat gemeistert, regelmäßig von einer Welt in die andere zu gehen, aus beiden Welten das Beste zu machen und sich doch am Ende weder hier noch dort ganz beheimatet zu fühlen. Zum Glück habe ich nicht gewusst, dass es so lange dauern würde, bis der Wechsel komplett vollzogen wurde. Doch auch das ist Teil von Mut, manche Schritte zu gehen, ohne zu wissen, was auf einen wartet, und

daran zu glauben, dass es alles einen Sinn hat und ich jede Situation in die Hand nehmen und meistern kann.

Wie sah es bei mir beruflich aus? An der Entscheidung, in den Norden zu gehen, um mich dort beruflich neu aufzustellen, mit eigenen Räumen und damit auch mit einem anderen Konzept, habe ich keine Sekunde daran gezweifelt, dass es richtig ist. Warum war das so?
Es gab schon andere Zeiten in meinem beruflichen Dasein, da fühlte sich ein Wechsel eher wie ein ‚weg von‘ statt wie ‚hin zu‘ an. Doch jetzt war es ein deutliches Sehnen nach diesem Ort, von dem ich noch nicht wirklich wusste, wo er genau ist und wie sich alles gestaltet, aber dieser Ort zog mich an – weil ich es zuließ. Weil ich endlich auf meine innere Stimme hörte, die mir schon lange sagte, was ich nicht mehr will und wonach ich mich sehnte. Ich hatte diese Stimme lange immer wieder beiseitegeschoben. Heute weiß ich, dass es auch die Angst vor dem eigenen Licht war. Die Angst für das, was ich leben will einzustehen, die Verantwortung dafür zu übernehmen und es umzusetzen – egal was andere über mich denken.

So bin ich im August 2017 im Norden angekommen. Den ersten Monat hatte ich mir komplett freigehalten, um für Helena und den Hausumbau da zu sein. In diesen Wochen saß ich öfter allein am Borbyer Ufer, einem Teil des Hafens in Eckernförde mit traumhaftem Blick über die Eckernförder Bucht. Es gibt dort ein kleines Café, die „NaturKostbar“, mit der ich bis heute viel verbinde. Sie wird betrieben von Frauen, die in dem gleichen

Jahr, in dem ich in den Norden zog, das Café eröffnet hatten und ich mich von deren Mut und Gründergeist sehr angesprochen fühlte. In diesem Café direkt am Wasser saß ich gern und ertappte mich bei einem Cappuccino dabei, wie ich dachte: „Was hast du da eigentlich gemacht? Wie sollen dich Kunden und Klienten finden? Du kennst hier genau niemanden und weißt doch, dass es gerade in deinem Bereich so wesentlich ist, dass Menschen dich persönlich kennen, du weiterempfohlen wirst und Vertrauensaufbau so wichtig ist. Was hast du da bloß gemacht? Du hattest dir alles so gut im Süden aufgebaut, hattest große Firmen als Kunden, die sicheren Umsatz gewährleisteten, wurdest regelmäßig weiterempfohlen. Und das hast du aufgegeben und stehst hier in einer wunderschönen Umgebung mitten im Anfang".

Zum Glück gab es solche Momente des Zweifelns und der Angst nicht oft, aber es gab sie. Der Weg aus den Situationen wieder heraus war der Weg hindurch. Ich habe mir nicht verboten, solche Gedanken und Gefühle zu haben, sondern sie als das genommen, was sie sind: Gedanken und Gefühle. Das Hindurchgehen hat mir geholfen, mich daran zu erinnern, weswegen ich diesen Schritt gewagt habe, was mich angetrieben hat. So tauchte dann auch der Satz auf: „Du hättest es nicht gemacht, wenn es nicht für dich richtig gewesen wäre. Und wenn es richtig war, gibt es auch einen Weg, der dich weiterführt. Also geh ihn". Das, was ich in solchen Momenten erlebt habe, war gelebte Salutogenese. Ein Ansatz, auf den ich später zurückkomme.

Diese Sätze haben mir Mut gemacht, an mich und meinen Weg zu glauben. Ich habe mir wieder vertraut, weil ich mich an das Gefühl erinnern konnte, das ich auf Korfu hatte. Diese Art der Sicherheit hatte ich, weil ich in diesem Moment auf meine Intuition gehört habe, ihr vertraut und mich an ihr orientiert habe. Es war ein Gefühl der inneren Gewissheit. Und wenn ich mir und meiner inneren Orientierung vertraue, fühle ich mich verbunden und gehalten – und habe den Mut, den nächsten Schritt im Außen zu gehen.

Mit der Erkenntnis, dass es einen Weg geben *muss*, hat sich mein Blick wieder geweitet und ganz im Sine des Resonanzgesetzes kamen im Außen auf einmal Gelegenheiten auf mich zu, die ich beherzt ergriffen habe, ohne lange nachzudenken und mit dem Willen, mich anzustrengen und mich für mich einzusetzen. Über einen kleinen, schon veralteten Aushang bei meinem Lieblingsitaliener in Eckernförde fand ich Räume für mich. Sie entsprachen genau dem, was ich mir (damals noch unbewusst) gewünscht hatte. Ich stand in den Räumen mit dem potenziellen Vermieter und musste mich entscheiden. „Das ist verrückt" dachte ein Teil in mir. „Du mietest Räume, ohne auch nur einen einzigen Auftrag zu haben". Eine andere Stimme in mir sagte: „Ohne Räume können keine Klienten kommen, du kannst nicht gefunden werden. Und außerdem: wenn du nicht daran glaubst, dass du die Räume füllen kannst und wirst, kannst du es gleich alles sein lassen. Also los! Du hast gut verdient im Süden und dir ein finanzielles Polster angelegt. Jetzt ist die Zeit, es zu nutzen und als Starthilfe zu nehmen". So bezog ich im Dezember 2017 meine eigenen Räume im Zentrum von Eckernförde. Diese Räume waren die Basis für meine weiteren Schritte und sie haben mir Mut gemacht und mich angestupst, nach außen zu gehen, mich bekannt zu machen.

Mehrfach musste ich und bin ich über meinen eigenen Schatten gesprungen, habe auch Umwege in Kauf genommen. Einer dieser Umwege war, Seminar- und Bildungsstätten anzuschreiben, um dort als Seminarleiterin aufzutreten. Was im ersten Moment wie ein Schritt von mir weg schien, wurde doch ein Schritt zu mir hin. Ich habe viele Menschen kennengelernt, wurde allmählich bekannter und habe auch so manche Erfahrung gemacht, die mir klar aufgezeigt hat, was mir *nicht* entspricht und ich nicht mehr will.

Es war eine rundum gute Zeit in meinen Räumen in der „Alten Bauschule" in Eckernförde – und doch war es noch nicht der Ort, den ich als Bild vor mir sah. Das Bild war im Hintergrund weiter da und irgendetwas in mir hat immer darauf vertraut, dass dieses Bild Realität wird.

Im Frühjahr 2019 fiel uns dieser Ort dann förmlich vor die Füße – zu einem Zeitpunkt, an dem ich mich in meinen Räumen in Eckernförde eingerichtet hatte, mich dort rundum wohlfühlte und eigentlich noch gar nicht wieder weg wollte.

Das Haus war so groß, wie ich es im inneren Bild gesehen hatte, doch es in Realität so groß zu sehen, hat mich zuerst erschrocken – ist es nicht doch zu groß? Mitten auf dem Land – werden Menschen überhaupt dorthin kommen? Können wir es finanziell stemmen? Alles berechtigte Fragen – doch innerhalb der ersten fünf Minuten, in denen wir das Haus und den Garten anschauten, wusste ich innerlich: Genau das ist es!

Mit den Jahren hatte ich verstanden, dass das Schicksal mir Möglichkeiten bietet – zugreifen muss ich schon selbst und im entscheidenden Augenblick auch den nötigen Mut haben, den Schritt ins Ungewisse zu wagen. Es war wieder ein entscheidender Moment, der mich auf meine Intuition hören und ich mich von ihr leiten ließ. In diesem Moment waren gedankliche Zweifel zwar weiter da, aber es war alles handhabbar, es lag in meiner Hand.
Der Mut wurde belohnt und der Traum in Form von „Norby Garden" (www.norby-garden.de) Realität. Ein Traum, der immer weiter Form annimmt, sich ausweitet, neue Facetten bekommt. Heute, mit 56 Jahren habe ich mit diesem Traum einen Stand erreicht, der eine Basis ist für viele weitere Projekte, Ideen, Begegnungen und ich bin selbst gespannt, was noch kommen mag.

Warum erwähne ich die beiden Jahre 49 und 56?
Teil meiner methodischen Begleitung von Klienten ist die Biographiearbeit, die einen sehr praxisnahen und hilfreichen Blick aus der Vogelperspektive auf das eigene Leben ermöglicht. Es geht dabei zwar auch um den Blick in die eigene Vergangenheit, jedoch immer mit dem Fokus darauf, welcher Bezug zur Gegenwart besteht und wie durch diese Erkenntnisse Lebensthemen gelöst und Haltungen positiv verändert werden

können. Diesem Ansatz ist der Abschnitt „Mut und Leben: Biographiearbeit" gewidmet, in dem ich insbesondere auf die Lebensabschnitte 42-49 Jahre und 49-56 Jahre eingehe.

Mut und Intuition: Ziemlich beste Freunde

Jeder kennt den Spruch „Auf einem Bein lässt sich schlecht stehen". Das gilt auch für den Mut, wenn wir ihn bildlich als eines von zwei Beinen im Leben betrachten. Mit Mut können wir fast grenzenlose Sprünge schaffen, doch solche Sprünge gelingen besser mit zwei Beinen. Das zweite Bein ist die Intuition. Mit ihr schaffen wir es, uns vom Boden abzustoßen und mit dem Mut springen wir nach vorn – ein perfektes Paar.

Was ist Mut?

Ja, was ist Mut? Eine einfache, kurze Frage, auf die es sehr viele unterschiedliche Antworten gibt. Ich möchte den Begriff aus verschiedenen Sichten beleuchten und beginne mit dem Ansatz der Positiven Psychologie.

Die Positive Psychologie widmet sich der Frage „Was macht das Leben lebenswert?" und arbeitet unter anderem mit dem Modell der Charakterstärken, 2004 entwickelt von den amerikanischen Psychologen Peterson und Seligman. In dem Modell werden 24 sogenannte Charakterstärken beschrieben, die sich wiederum 6 Tugenden (Oberbegriffen) zuordnen lassen. Die Tugenden mit den dazugehörigen Charakterstärken sind:

Weisheit und Wissen
- Kreativität
- Urteilsvermögen
- Neugier
- Lerneifer

Menschlichkeit
* Bindungsfähigkeit
* Güte
* Geselligkeit

Gerechtigkeit
* Verantwortungsgefühl
* Fairness
* Führung

Mäßigung
* Vergebungsbereitschaft
* Demut
* Vorsicht
* Selbstkontrolle

Transzendenz
* Wertschätzung
* Dankbarkeit
* Optimismus
* Humor
* Spiritualität

Mut
* Tapferkeit
* Durchhaltevermögen
* Integrität
* Begeisterung

Charakterstärken zeigen Wege auf, wie diese Tugenden jeweils konkret in die Tat umgesetzt werden können. Sie sind die Grundlage unseres persönlichen Wohlbefindens. Wenn wir die Charakterstärken, zu denen wir uns besonders hingezogen fühlen, einsetzen, erleben wir uns authentisch, lebendig und wirksam. Sie helfen uns beim „Aufblühen".

Wie oben beschrieben, ist eine dieser Tugenden „Mut". Sie beschreibt in der Positiven Psychologie die emotionalen Stärken, die mit der Ausübung von Willensleistung dabei helfen, innere und äußere Barrieren zu überwinden und damit ein Ziel zu erreichen.

Die dazugehörigen Charakterstärken können folgendermaßen beschrieben werden:

Tapferkeit

Tapferkeit beinhaltet eine gewisse Leidensfähigkeit. Tapfere Menschen setzen sich unabhängig von möglichen Gefahren für das ein, was ihnen wichtig ist. Sie stellen sich Widerständen und nehmen Herausforderungen an.

Gefahr: Im übertriebenen Maße kann diese Stärke zu Übermut und Waghalsigkeit führen.

Durchhaltevermögen

Menschen mit einem starken Durchhaltevermögen verfolgen beharrlich ihre Ziele und halten auch in Phasen durch, in denen andere schon lange aufgegeben haben. Sie halten bis zum

Ende einer Aufgabe durch und tun alles Nötige dafür, dass das Angestrebte auch erreicht wird.

Gefahr: Sie investieren möglicherweise viel Kraft und Zeit in Dinge, die mittlerweile nebensächlich geworden sind.

Integrität

Menschen, denen die eigene Integrität sehr wichtig ist, leben ausgeprägt nach ihren persönlichen Werten sowie Überzeugungen und handeln entsprechend. Sie können sich gut abgrenzen und werden als authentisch, ehrlich und glaubwürdig wahrgenommen.

Gefahr: Menschen mit einem hohen Maß an Integrität können mit ihrer Ehrlichkeit andere verletzen.

Begeisterung

Menschen mit einer großen Begeisterungsfähigkeit engagieren sich voller Elan für (neue) Dinge. Sie gehen Aufgaben mit Spaß an der Sache und Enthusiasmus an und können sich über fast alles freuen. Sie stecken auch gern ihr Umfeld mit ihrer Begeisterung an.

Gefahr: In zu ausgeprägtem Maße kann diese Stärke zu Erschöpfung und Verausgabung führen.

Wenn ich mir die Stärken, die der Tugend Mut zugeordnet sind, ansehe und sie in meine eigene Sprache übersetze, besteht Mut aus folgenden Elementen, die als Leitfaden zum Abgleich der aktuellen persönlichen Situation dienen können:

Mut-Bausteine

- Sinn - Etwas/jemand ist mir wichtig, für das oder den es sich einzusetzen lohnt
- Ehrlichkeit - Ich bin ehrlich mir selbst und anderen gegenüber
- Intuition - Ich höre auf meine Intuition, glaube ihr und orientiere mich an ihr
- Wille - Ich bringe den Willen auf, den ersten Schritt zu machen
- Ausdauer – Auch bei Rückschlägen und Widerständen bleibe ich an mir oder an der Sache dran.

Was ist für mich Mut und hat Mut eine Farbe?

*„Mut beginnt mit dem Sich-Zeigen und
dem Zulassen, Gesehen zu werden."*
Brené Brown

In der Vorbereitung auf dieses Buch habe ich die unterschiedlichsten Menschen in meinem Umfeld gefragt, was für sie Mut ist und welche Farbe Mut für sie hat. Ich persönlich habe folgende Worte:

„Mut ist, den ersten Schritt ins Unbekannte zu wagen und darauf zu vertrauen, dass ich auf festen Boden stoße."

Die Farbe, und damit spreche ich die Gefühlsebene an, ist für mich: Ein tiefes, sattes Blau.

Hier die Antworten der Menschen, die ich befragt habe:

1.

„Mut ist etwas, was uns Flügel verleiht und uns ermöglicht, weit über unsere Grenzen zu gehen und für uns Unmögliches möglich macht. Etwas, das uns zu unserem persönlichen Superhelden macht."
Farbe: Gold.

2.

„Ich stehe vor einer Entscheidung/Handlung, die ich nicht einschätzen kann. Ich weiß aber auch, dass es um sehr wichtige Dinge geht, die bisher in dieser Form von mir nicht gemacht/entschieden wurden. Dabei vertraue ich mir und meinen Fähigkeiten, genau das zu tun, was ich allein für richtig halte. Ich werde aktiv und handele. Situation und Konsequenz völlig unklar, ich vertraue mir, dass ich es schaffe"
Farbe: Erdton.

3.

„Mut bedeutet, eine Situation, die ich unbequem, nicht passend oder sogar mit Angst verbinde, zu ändern. Also etwas Unbekanntes und mir Fremdes tun."
Farbe: Blau.

4.

„Ich brauche ihn, wenn ich etwas überwinden muss. Wenn ich meine Komfortzone verlassen muss, wenn ich etwas Neues angehen muss. Die gewohnten ausgetretenen Pfade verlassen, der Sprung ins kalte Wasser.

Es gehört auch eine Portion Vertrauen dazu. Vertrauen, dass das, wofür ich mich überwinde, gelingen wird. Mut ist eine persönliche Ressource."

Farbe: Sattes dunkles Tannengrün.

5.

„Mut ist für mich

- aus der Komfortzone wagen
- sich Ängsten stellen
- Motto: Was würdest du tun, wenn du wüsstest, dass du nicht scheitern kannst?
- Mut hilft mir dabei, meine Hoffnungen und Träume zu realisieren

Farbe: Grün, weil Grün für mich Hoffnung und das Erreichen meiner Ziele symbolisiert."

6.

„Mut ist für mich, bewusst sicheres Terrain zu verlassen und mit mir ins Risiko, in Bereiche der Unsicherheit und Angst zu gehen."

Farbe: Leuchtendes Orange.

7.

„Mut ist die Kraft, die mich springen lässt. Geknüpft an die Entscheidung, zu mir zu stehen, erscheint er manchmal wie ein Gottesgeschenk. Etwas, was in jedem vorhanden ist, eine

Kraftquelle, auf die ich zugreifen kann. Wenn ich mich entscheide, steht der Mut neben mir und hilft mir, es zu tun – er hat etwas von einer Überwindungsenergie. Er ist ehrlich, ich kann ihm vertrauen, er führt mich weiter, ich glaube, zum Guten.“

8.

„Mut ist, wenn ich an einem Punkt bin und nicht weiß, was der nächste Schritt bringt. Aus einer Unsicherheit zu sagen: Ok, ich gehe jetzt trotzdem weiter. Mich mit meiner Verletzlichkeit und meinen Tränen zu zeigen und zu sagen: Da stehe ich. Ich bin bereit, meine Komfortzone, das bekannte Terrain zu verlassen und Neues auszuprobieren. Mut ist auch, zu sagen: Ich habe es ausprobiert, es funktioniert nicht, ich mache etwas anderes. Unangenehmes ansprechen, für mich einstehen und meinen Bedürfnissen folgen.“
Farbe: Ein kräftiges Orange-Rot.

9.
„Mut ist
- sich auf Unbekanntes einlassen
- neue Wege gehen
- etwas Neues ausprobieren
- die eigene Komfortzone verlassen
- an eigenen Überzeugungen gegen äußere Widerstände festhalten
- sich auf die Bühne stellen
- ganz mit sich allein sein

- morgens aufstehen
- über die eigenen Grenzen gehen
- in ein unbekanntes Land fahren
- in Rom oder in Bangalore selbst Auto fahren
- ein Bungee- oder Fallschirm-Sprung
- …
- wunderbar und unerlässlich im Leben"

Farbe: ein kräftiges Bunt.

10.

„Mut ist ein nachträgliches Gefühl für einen Moment, in dem ich etwas mache, was bisher nicht in meiner Vorstellungswelt war."

Farbe: Ein helles strahlendes Grün.

11.

„Mut ist, wenn man aus seinem bisherigen Bekannten heraustritt und etwas Neues angeht, bei dem man nicht weiß, wie es enden wird und deshalb nur das Vertrauen auf die eigene Stärke und Persönlichkeit hat, auf die man sich verlässt und verlassen muss.

Es gibt für mich keine Situation, in der ich authentischer und mehr ich selbst bin, als wenn ich im Mut/mutig bin.

Wenn man mutig ist, ist das für mich, als würde man nackt sein.

Das klingt erstmal komisch, aber wenn man mutig ist, kann wegen der Authentizität, die für mich immer mit Mut einhergeht, keine Fassade aufrecht erhalten bleiben."

Farbe: Rot.

12.

Aus dem Buch „Regeln für einen Ritter" von Ethan Hawke:
„Mut ist die Gabe und die Bereitschaft, unsere Furcht zu überwinden. Furcht ist nichts, wofür man sich schämen muss, sie ist eine mächtige Kraft, die uns daran erinnert, bewusst, wachsam und aufmerksam zu sein. Furcht ist die Dunkelheit, Mut ist das Licht. Furcht ist der Ruf, Mut ist die Antwort. Wenn ein Ritter seinen Mut sammeln will, verlässt er sich auf seinen Atem. Atem ist das Gewebe, das alle Lebewesen im Universum verbindet.
…Mut ist, wenn ich Angst habe, an jemanden zu denken, den ich liebe und dann zu handeln. Es für den Menschen, den ich liebe, zu tun.
(Das ist als Sprungbrett gut bzw. als Brücke, wenn ich mir mal selbst Mut machen will. Doch wenn es zu meiner Lebenshaltung wird, dass ich immer alles zum Wohle anderer tue, wird daraus Selbstaufgabe)."

Jetzt meine Frage an dich: *Was ist für dich Mut?*

Auch wenn ich von den Menschen, die ich nach ihrem Verständnis von Mut gefragt habe, viele unterschiedliche Antworten bekam, tauchen doch bestimmte Begriffe immer wieder im Zusammenhang miteinander auf: Mut und Angst.
Mutige sind nicht angstfrei, sondern sie überwinden ihre Angst. Sie trauen sich etwas *trotz* Unsicherheit, Gefahr und Widerstand. Mut und Angst schließen sich nicht aus, sondern

ergänzen sich, auch wenn es sich im ersten Moment eigenartig anhört.

„Ich habe gelernt, dass Mut nicht
die Abwesenheit von Angst ist,
sondern der Triumph über sie.“
Nelson Mandela

Wie beide Begriffe zusammenhängen, lässt sich auch gut mit dem Werte- und Entwicklungsquadrat beschreiben. Dieser Ansatz wurde von dem Kommunikationsexperten Friedemann Schulz von Thun entwickelt und hilft, Zusammenhänge auf den Punkt zu bringen. Er besagt, dass jeder *Wert* nur dann seine volle konstruktive Wirkung entfalten kann, wenn er sich in Balance zu einem positiven Gegenwert, einer *Schwestertugend* befindet. Ohne diese Balance verkommt der Wert zu einer *entwerteten Übertreibung.*

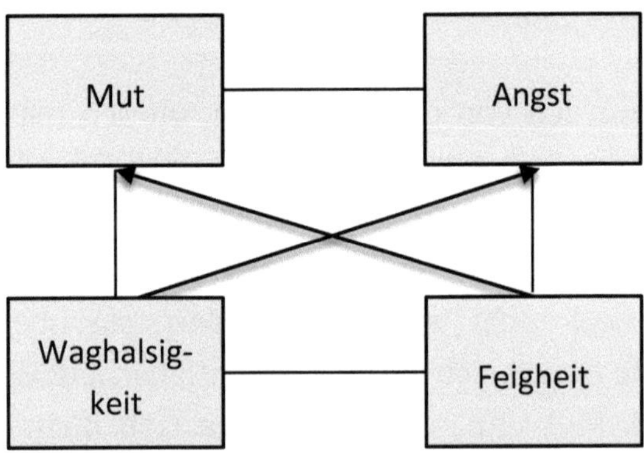

In Bezug auf Mut bedeutet das:

Mut ist ein Wert, der als Schwestertugend die Angst hat, um in Balance zu bleiben. Denn wenn diese Balance nicht vorhanden ist, schießt der Mut über das Ziel hinaus und wird zur Waghalsigkeit. Und die Angst wird als entwertete Übertreibung zur Feigheit.

Wenn ich mich entwickeln möchte, ist der Weg nicht: Sei nicht feige und hab keine Angst, sondern: Sei mutig! Und wenn ich zu waghalsig unterwegs bin, ist der Weg nicht: Sei weniger mutig, sondern: Nimm eine gesunde Portion Angst bzw. Infragestellen dazu, weil es dir hilft, die nötige Vorsicht zu haben.

Mut ist der Antriebsfaktor (der durch unterschiedlichste Emotionen wie z. B. Neugier oder aus Empörung gespeist wird) und Angst der Bremsfaktor. Beide müssen, wie bei einer Autofahrt, ein ausgewogenes Zusammenspiel finden. Es geht bei Mut immer um Handlungsfähigkeit. Mut hilft, Angst zu überwinden und Angst hat die Aufgabe, vor unbedachtem Tun zu warnen.

Wichtiger Aspekt hierbei ist, sich seines Mutes überhaupt bewusst zu sein. In einer Predigt von Meister Eckhart heißt es: „Wäre ich ein König und wüsste es selbst nicht, so wäre ich kein König. Aber hätte ich die feste Überzeugung, dass ich ein König wäre...so wäre ich ein König und aller Reichtum des Königs wäre mein". In Bezug auf Mut bedeutet es: Wenn ich mir meines Mutes bewusst bin, stärkt er mir den Rücken, lässt mich aufrecht gehen, verleiht Flügel und erweitert meine eigene Handlungsfähigkeit.

Ein anderer Weg, Angst zu überwinden und sich mutig einer Sache oder einem Gegenüber zu stellen, wird sehr bildreich in einem der „Harry Potter"-Filme gezeigt. Es geht darum, sich „Irrwichtern" (sie sind die Verkörperung von Angst) zu stellen, indem man sie lächerlich macht und darüber die Angst vor ihnen verliert. So taucht ein Irrwicht zum Beispiel als große Spinne auf, vor denen einer der Schüler Angst hat. Er denkt sich eine Form aus, in die er sie verwandeln will und über den Zauberspruch „Riddikulus" nimmt das Irrwicht diese gewünschte Form an. In diesem Beispiel hat die Spinne nach dem Zauberspruch Rollschuhe an den Beinen und kann sich nur noch auf der Stelle bewegen.

Warum erwähne ich das hier? Weil Lachen und Humor für mich schon oft einen sehr hilfreichen Weg dargestellt haben, Ängste zu überwinden und mich wieder bewegen und handeln zu können.

Wie kann Mut noch beschrieben werden?

Auszug aus dem Song von Alexa Feser – Mut (zu finden auf YouTube):

„Mut ist eine Frage, deren Antwort schmerzen kann. Mut fängt nach dem Scheitern wieder ganz von vorne an...Mut ist, wenn du mit der Angst tanzt. Das, was du nicht ganz kannst, trotzdem versuchst...Mut ist es, manchmal nicht mutig zu sein. Dir einzugestehen, du fühlst dich allein...Sich zu entscheiden, ganz ohne Sicherheit... Auf der Bühne zu stehen, das Herz zu entkleiden, das zersplitterte Ich hinter den Worten zu zeigen...Mut geht auf die Barrikaden. Mut lässt sich nicht sagen: Das schaffst du nicht. Mut ist mehr als ein Gedanke. Mut ist, wenn die Schranke im Kopf zerbricht."

Ein *Synonym* für Mut ist der Begriff **Beherztheit**, den ich persönlich sehr mag. Er bringt für mich passend zum Ausdruck, worum es bei Mut geht: sich „ein Herz fassen", auf sein Inneres hören – und einfach machen!

Großmut: Ein erweiterter Begriff von Mut ist der Großmut. Menschen, die großmütig sind, zeichnen sich durch eine ausgeprägte innere Lebensfülle aus – wie ein Füllhorn, das nicht versiegt. Es ist eine seelische Kraft, die in manchen Menschen als Grundkonstitution in so großem Maße vorhanden ist, dass sie sie verschwenderisch verschenken können. Es sind Menschen, die in der Lage sind, ehrlich selbstlos viel zu geben. Sie zeichnet etwas tief berührend Großherziges aus.

Sanftmut: Eine unterschätzte Stärke.
Sanftmut ist kein Wort, das auf der Hitliste von Persönlichkeitseigenschaften ganz oben steht. Viele Menschen missverstehen Sanftmut. Sie verbinden diese Art von Mut mit Schwäche, Ängstlichkeit und Passivität. Doch nur ein starker Mensch kann sanftmütig sein, es ist eine Stärke, die von innen kommt. Sanftmütige Menschen zeichnet eine ruhige Souveränität aus, die keine künstliche Bestätigung braucht, weil solche Menschen mit sich im Reinen sind.

Mut ist nicht immer brüllend laut
Manchmal ist es die ruhige,
leise Stimme am Ende eines Tages,
die sagt:
„Morgen versuche ich es wieder."

Mut ist, nicht auf ein Ziel zuzusteuern, sondern der Resonanz zu folgen. Der inneren Leitlinie, die nicht aus der zielgerichteten Vorstellung resultiert. Dafür braucht man Mut.
Genau das beschreibt unsere Gesellschaft, unser Leben heute. Es gibt nichts Vorgefertigtes mehr, nichts, worauf ich verlässlich zurückgreifen kann, kein Geländer von „ich mache es so wie die anderen" oder „ich mache es so wie es immer war."
Wenn ich zum Beispiel an das Ende meiner Schulzeit, meiner Studienzeit und den Einstieg danach ins Berufsleben denke, gab es von allem viel weniger Auswahl im Vergleich zu heute: Weniger Auswahl an unterschiedlichen Ausbildungsplätzen, weniger Studienfächer, weniger unterschiedliche Jobs. Auch weniger Auswahl an Freizeitgestaltung und Reisemöglichkeiten. Und so bestand meist auch nicht ein so großer innerer Drang, sich sehr von anderen abzuheben, was jedoch nicht bedeutet, dass wir damals alle nur gleichförmig waren.

Doch heute sieht es komplett anders aus. Heute ist das Maß aller Dinge die Individualität, was auch gut ist. Alles ist heute maßgeschneidert, individuell anpassbar, vom Studium oder Hobby, vom Outfit über Reisen bis hin zur eigenen Müslimischung. Alles ist individuell und damit fast nichts mehr allgemeingültig. Jeder ist auf sich selbst zurückgeworfen und aufgerufen, den ganz persönlichen Weg für sich zu finden und zu gestalten. Das ist eine sehr große Bereicherung und Freiheit - gleichzeitig auch eine große Herausforderung. Denn mehr denn je brauche ich, um meinen ganz eigenen Weg gehen zu können, innere Stabilität und einen inneren Kompass, nach dem ich mich richten kann, der mich führt. Und ich brauche Mut, um mich anderen mit meinem Weg und meinen Entscheidungen zuzumuten.

Grüne Mappen oder des Kaisers neue Kleider
Kann es mutig sein, eine grüne Mappe als grüne Mappe zu benennen? Es kommt auf die Umstände an...
Mir fällt dazu die spanische Netflix Serie „Merlí. Sapere aude" ein. Der junge Philosophiestudent Pol wird in dieser Serie immer wieder vor neue Herausforderungen gestellt. So kommt er eines Tages wieder einmal zu spät in eine Vorlesung – und weiß nicht, dass die Professorin im Vorfeld mit den anderen Studierenden etwas abgesprochen hat. Sie beginnt die Vorlesung mit dem Thema, dass es in der Philosophie Strömungen gibt, die keine andere Realität zulassen als Tatsachen. Es geht dabei um Dinge, die so offensichtlich sind, dass sie keinen Widerspruch zulassen.
Die Professorin zeigt, als Pol den Raum betreten und sich gesetzt hat, eine grüne Mappe hoch und fragt: „Welche Farbe hat diese Mappe?" Sie spricht verschiedene Studierende an und alle antworten mit großer Selbstverständlichkeit „Rot".

Pol ist mehr als irritiert und schließlich wird auch er gefragt, welche Farbe die Mappe hat. Er zögert und sagt schließlich: „Erdbeerrot." Alle lachen und die Professorin nimmt diese Situation als Beispiel dafür, wie ein Mensch durch den sozialen Druck seines Umfelds so in seiner Entscheidung beeinflusst werden kann, dass er sich trotz seiner entgegengesetzten Wahrnehmung anpasst. Dass er dann nicht den Mut hat, das auszusprechen, was er sieht.

Mich hat dieses Beispiel wachgerüttelt. Das, was zu Beginn so absurd scheint, wird auf einmal nachvollziehbar. Und wenn wir ehrlich zu uns sind, haben wir uns wohl alle schon einmal so verhalten wie der junge Student Pol. Ich weiß zumindest von mir, dass ich mich schon so verhalten habe und ich bin nicht stolz darauf. Aber auch dazu gehört schließlich Mut, dies vor sich selbst und anderen so auszusprechen. Heute bin ich da viel mutiger als früher. Heute stehe ich für mich ein und es ist mir immer öfter egal, ob ich damit anecke oder allein mit meiner Ansicht dastehe. Ich mache auch die Erfahrung, dass es für andere hilfreich ist und Mut macht, wenn sich einer traut, aus der Masse auszuscheren und zu dem steht, was er denkt und wahrnimmt, auch wenn der Mainstream anders tickt.

Dass das Thema Anpassung und Selbstverleugnung schon viel älter ist, sieht man auch sehr schön an dem Märchen „Des Kaisers neue Kleider" von Christian Andersen. Die Minister des Kaisers sowie das ganze Volk trauen sich nicht auszusprechen, was sie sehen: dass der Kaiser keine Kleider trägt, sondern in

Unterwäsche einen großen Festumzug beschreitet. Und sie sagen alle nichts aus der Angst heraus, für dumm gehalten zu werden. Bis schließlich ein kleines Kind laut ruft: „Der hat ja gar nichts an!" Das Kind spricht aus, was alle denken und sehen. Das Kind lässt sich von der Masse nicht beeinflussen, sondern bleibt einfach bei seiner Wahrnehmung, egal was die anderen meinen.

Beides sind gute Beispiele dafür, wie grotesk es sein kann, sich nach dem zu richten, was andere sagen, sich immer wieder anzupassen und damit sich selbst zu beschränken. Dass wir uns fügen, obwohl alles in uns sagt „Das stimmt nicht, das ist Blödsinn, das sehe ich anders!". Doch wenn es mir gelingt, mich ernst zu nehmen, dann kann ich gar nicht anders als aussprechen, was ich sehe und wahrnehme. Dann kommt der Mut nach vorn und hilft mir, zu mir zu stehen und für mich einzustehen.

"Courage is the devine inspiration of encouraging me to do what I intended to do."

„Mut ist die göttliche Inspiration, die mir Mut macht, genau das zu tun, wozu ich angetreten bin."
Unbekannt

Was ist Intuition?

> *„Die Intuition ist ein göttliches Geschenk,*
> *der denkende Verstand ein treuer Diener.*
> *Es ist paradox, dass wir heutzutage*
> *angefangen haben, den Diener zu verehren*
> *und die göttliche Gabe zu entweihen.“*
> *Albert Einstein*

Der Begriff Intuition stammt ursprünglich aus dem Lateinischen und bedeutet so viel wie „genau hinsehen“ oder „anschauen“. Dabei ist die Intuition für uns nicht sichtbar und genau das macht sie aus: Es ist die Fähigkeit, auf Anhieb gute *Entscheidungen* treffen zu können, auch wenn die zugrundeliegenden Zusammenhänge nicht ersichtlich sind. Wir *wissen* dann einfach, dass etwas richtig oder falsch für uns ist, ohne konkrete Gründe nennen zu können. Der Verstand braucht eine Erklärung, die Intuition weiß.
Natürlich ist der Verstand wichtig. Doch wie Albert Einstein es schon formulierte: „Die Intuition ist ein göttliches Geschenk, der denkende Verstand ein treuer Diener.“ Auch wenn sich in dieser Hinsicht in den letzten 20 Jahren viel getan hat und heute sogar in Management-Seminaren das Thema Intuition auftaucht, wird doch in aller Regel dem Verstand eine größere Bedeutung beigemessen.

Warum ist das so? Aus meiner Sicht, weil der Verstand alles so schön konkret greifen und Daten und Fakten belegen kann.

Alles ist logisch und auf dem Papier nachvollziehbar. Das ist für viele angenehmer und auch sicherer. Bei der Intuition muss ich mir selbst und meiner inneren Wahrheit vertrauen statt einer äußeren. Das ist für viele nach wie vor ungewohnt und kann verunsichern.

Mich erinnert diese Beschreibung an viele Situationen, die ich als Mediatorin zu Beginn einer Konfliktklärung zwischen zwei oder mehr Menschen häufig beobachte.
Da sind die Parteien oft seit Jahren bis aufs Bitterste zerstritten, bis sie schließlich den Schritt in eine Mediation gehen. Und bestehen dann darauf, dass der Termin bitte doch ganz sachlich verlaufen soll. Ich kann das verstehen. Die sachliche Ebene ist greifbar mit dem Verstand, ich kann sie belegen, Beweise bringen, Ordner zücken. Doch genau darum geht es in einem Konflikt *nicht*. Es geht immer um die Ebene darunter, die sich so schwer greifen lässt und den einzelnen Personen meist auch nicht wirklich bewusst ist:
Es sind unsere persönlichen Erwartungen, Bedürfnisse, gute und schlechte Erfahrungen, unsere Interessen, die gesehen, ernst genommen und berücksichtigt werden wollen. Wenn es auf dieser Ebene keine Befindlichkeiten gibt, gibt es auf der sachlichen Ebene auch keinen Konflikt. Dann sind zwei Menschen vielleicht unterschiedlicher Meinung, aber es wird auf der Ebene darunter nichts getriggert. Dann reagieren wir nicht emotional, sondern sachlich und räumen das Thema aus dem Weg.

„Emotionen sind die Sprache unseres Körpers.
Der Verstand ist die Sprache unseres Geistes.
Intuition ist die Sprache unserer Seele."
Kurt Tepperwein

Vertrauen und Intuition

„Ihre Zeit ist begrenzt, also verschwenden Sie sie nicht damit,
das Leben eines anderen zu leben.
Lassen Sie sich nicht von Dogmen in die Falle locken.
Lassen Sie nicht zu, dass die Meinungen anderer
Ihre innere Stimme ersticken.
Am wichtigsten ist es, dass Sie den Mut haben,
Ihrem Herzen und Ihrer Intuition zu folgen.
Alles andere ist nebensächlich."
Steve Jobs

Mut hat viel mit Vertrauen zu tun. Und Vertrauen hat viel mit Intuition zu tun. Der Intuition zu vertrauen, fällt oft schwer, weil wir dann uns *selbst* vertrauen müssen. Dass das, was wir fühlen und wahrnehmen, wahr ist. Wenn wir uns selbst nicht vertrauen, dann orientieren wir uns an anderen, werden eine schlechte Kopie von ihnen. Wenn du DIR vertraust, kannst du auch deiner Seele Ausdruck verleihen! Wenn du vertraust, kannst du innerlich loslassen (musst nicht alles unter Kontrolle haben) und bist frei.

Also brauche ich Mut, um zu vertrauen? Einerseits nein, denn ich kann einfach loslassen und mich fallenlassen. Und doch braucht es Mut, denn ich muss darauf vertrauen und glauben, dass ich gehalten und geführt bin – von meiner Intuition. So ein blöder Spruch sagt ja: Glauben heißt nicht wissen. Darum brauche ich Mut, weil es immer ein Schritt ins Ungewisse ist. Doch Erfahren und Erleben, dass alles, was ich intuitiv wahrnehme auch wahr ist, schafft Sicherheit.

An dieser Stelle möchte ich meinen Vater erwähnen, ist er doch ein bemerkenswertes Beispiel für einen mutigen Menschen, der sich ein Leben lang von seiner Intuition hat leiten lassen. 1930 geboren, hat er früh im Leben eine eigene Firma aufgebaut, erweitert, umgebaut. Viele Ideen umgesetzt und manche verworfen, Erfolg erlangt durch das Einschlagen unkonventioneller Wege und den Aufbau persönlicher Beziehungen zu Kunden und Partnern.

Vor einiger Zeit fragte ich ihn, wie er in seinem Leben die großen und kleinen Entscheidungen getroffen hat: Sachlich überlegt und Pro und Contra abwiegend oder eher aus dem Bauch heraus. Er lachte, zeigte mit seiner großen Hand auf seine Bauchgegend und sagte: „Nur damit!"

Mein Vater ist ein Geschäftsmann durch und durch. Er ist ein *Mann* und gehört zu einer Generation, in der die Intuition sicher nicht als Führungsstärke in den Vordergrund gehoben wurde. Und dennoch waren seine Entscheidungen maßgeblich intuitionsgeleitet und er hat danach gehandelt. Solange ich ihn kenne, hat ihm diese Lebenseinstellung immer Halt und Vertrauen in sich und das Leben geschenkt. In dieser Hinsicht war und ist mein Vater ein echtes Vorbild für mich und ich habe großen Respekt davor, wie er sein Leben meistert und immer seinen ganz eigenen Weg gegangen ist und auch heute noch geht.

An diesem Beispiel lässt sich sehen, dass es weder eine Frage des Alters, des Geschlechts noch der Generation ist, ob man sich an der eigenen Intuition orientiert. Es ist ein zeitlos gültiger Ansatz der Selbstführung und Führung – ergänzt durch den Verstand als „treuen Diener".

Klimt-Perspektive

Die Sicherheit zu haben, dass das, was ich innerlich sehe und wahrnehme, wahr ist bzw. wahr werden kann, lässt sich eindrücklich mit der Klimt-Perspektive zeigen.

1898 wurde der Maler Gustav Klimt von einem Wiener Geschäftsmann gebeten, seine Frau zu porträtieren. Klimt bekam ein Foto von der damals 25-jährigen Sonja Knips.

Quelle: Sinn und Arbeit, Beate von Devivere

So sah das Porträt aus, das Klimt einige Monate später fertig-
stellte. Er hat Sonja Knips nie persönlich kennengelernt, lediglich das Foto diente als Ausgangspunkt für das Porträt:

Quelle: https://commons.wikimedia.org/wiki/File:Klimt_-_Bildnis_Sonja_Knips.jpg

Das Porträt wurde im Arbeitszimmer aufgehängt, direkt über
ihrem Sekretär. Da sie jeden Tag an diesem Sekretär Zeit ver-
brachte, hatte sie das Bild regelmäßig vor Augen.

Quelle: viennatourist.at

Zehn Jahre später, 1908, ist auf dem folgenden Foto eine sehr veränderte Sonja Knips zu sehen: Mittlerweile war sie eine berühmte und engagierte Aktivistin in der Wiener Kunstszene geworden.

Quelle: viennatouristguide.at

Gustav Klimt hat intuitiv gesehen und mit seinen künstlerischen Talenten zum Ausdruck gebracht, welches Potenzial in dieser jungen Frau zu finden ist. Mit 25 Jahren lag es noch im Verborgenen, doch für Klimt war es bereits sichtbar – durch sein intuitives Hinschauen.

Das, was über das Erstellen des Porträts von Klimt geschehen ist, wird heute auch als „Klimt-Perspektive" definiert:

- In einem Menschen seine Potenziale zu sehen. Zu erkennen, was er zu erreichen imstande ist und es ihm gegenüber auszudrücken
- Wenn uns jemand sagt, was er in uns sieht: Es *annehmen* und das eigene Bewusstsein über diese Potenziale verstärken, das eigene Verhalten an diesen Ermutigungen ausrichten und so die eigene positive Entwicklung fördern
- Die reale Möglichkeit annehmen, tatsächlich das zu *werden*, was eine für uns wichtige Person in uns sieht.

Hast du es auch schon erlebt, dass du in einem anderen Menschen siehst, was er noch nicht zu sehen imstande ist? Hast du es dann ausgesprochen? Wir haben oft intuitiv schon ein inneres Bild von dem, was der andere sein kann bzw. wird. Und ich halte es, ganz im Sinne der Klimt-Perspektive, für sehr wertvoll und für eine zwischenmenschliche Pflicht, dies auch auszusprechen. Wenn wir alle viel mehr in dieser Art und Weise handeln, heben wir uns gegenseitig an und trauen uns schneller, die eigenen Flügel auszubreiten.

„Wenn wir den Menschen so nehmen, wie er ist,
machen wir ihn schlechter, aber wenn wir den Menschen
so nehmen, wie er sein könnte, erheben wir ihn zu seinem
Potenzial dessen, was er werden kann."
J. W. v. Goethe

Erkenntnis ist eine Einbahnstraße

Was ich mit dieser Überschrift meine, will ich anhand einer kleinen Geschichte erzählen. Eine sehr gute Freundin von mir arbeitet für und im Haus eines Freundes von mir. Jeder Mensch hat so seine Eigenheiten und diesem Freund ist es absolut wichtig, dass Werkzeuge wie zum Beispiel Akkuschrauber immer zusammen mit dem Akku und den dazugehörigen Bits benutzt bzw. an den jeweiligen Einsatzort gebracht werden. Er wird ungehalten, wenn er sieht, dass Akkuschrauber, Bits und der Akku getrennt voneinander irgendwo herumliegen statt gemeinsam in einem Karton. Nun kam der Tag, an dem der Freund den Akkuschrauber nutzen wollte, im Karton aber nur der Akku lag – und er wurde wütend.

Meine Freundin hatte so eine leise Ahnung und sprach in Abständen dreimal an, dass der Akkuschrauber vielleicht in einem anderen Karton im Keller liegen könnte – ging aber diesem Impuls nicht nach, sie ahnte, dass sie vielleicht selbst den Akkuschrauber dort unten abgelegt haben könnte. Sie entzog sich der Suchaktion, indem sie, scheinbar sinnvoll, weil nötig, anfing, den Hof zu fegen. Tatsächlich aber nahm sie sich aus der Situation heraus und folgte ihrer inneren Stimme nicht.

Später stellte sich heraus, dass der Akkuschrauber tatsächlich in der von ihr gedachten Kiste im Keller lag und sie fühlte sich ziemlich unwohl. Im ersten Moment mag es also sogar unangenehm sein, der inneren Stimme zu folgen, weil es auch bedeuten kann, Verantwortung für etwas zu übernehmen, was ich

verursacht habe. Doch wenn wir uns der Verantwortung stellen und hinschauen, können wir an der Situation wachsen, egal wie banal sie auf den ersten Blick erscheinen mag.
Wenn wir unsere innere Stimme zwar hören, ihr aber nicht folgen, führt es irgendwann zu emotionalem Schmerz. Wir agieren gegen unsere Intuition und verleugnen uns damit.

Anders beschrieben:
Ich sehe ein Verkehrsschild und weiß, was es bedeutet, weil ich es in der Fahrschule gelernt habe, zum Beispiel ein Schild mit „Tempo 60“. Wann immer ich ein solches Schild sehe, weiß ich also, dass ich hier nicht schneller als 60 km/h fahren darf. Ich kann dieses Wissen nicht ausradieren. Ich kann zwar vermeiden, auf das Schild zu schauen und mir damit selbst vormachen, dass es gar nicht da ist und doch weiß ich, was es zu bedeuten hat.

So ist es auch mit Erkenntnissen. Sie sind wie Einbahnstraßen. Wenn ich einmal etwas erkannt habe, lässt sich das Wissen nicht mehr löschen. Ich kann zwar wegschauen und ausweichen, aber ich handele dann mehr oder weniger bewusst gegen mich – und das fliegt mir irgendwann um die Ohren. Das gleiche gilt für die Intuition. Ich kann sie verdrängen, überhören, die Augen vor ihr verschließen, doch wenn ich sie einmal wahrgenommen habe, lässt sie sich nicht mehr verscheuchen. Diese innere Stimme, die weiß, was gut für mich ist, führt mich. Wenn ich ihr nicht folge, führt es mich irgendwann in einen emotionalen Schmerz, den ich vielleicht erst gar nicht

zuordnen kann. Doch er bleibt hartnäckig da, lässt sich nicht
verdrängen, denn die Intuition ist ein unzerstörbarer Teil unseres Wesens und will gehört werden.

Pinsel statt Panik

Ein Beispiel, wie es sich anfühlt und auswirkt, der eigenen Intuition zu glauben und sich von ihr leiten zu lassen, konnte ich
im März 2020 erleben. Im Mai 2019 hatten wir unser Seminarhaus in Norby gekauft. Einen Ort für Begegnung schaffen, das
war mein Traum und er war über dieses Haus wahr geworden.
Im Kaufvertrag war vereinbart, dass die Verkäufer noch im
Haus bleiben konnten, weil erst danach ihr neues Heim bezugs-
fertig war. So zogen wir also Anfang März 2020 mit viel Moti-
vation, Farbe und Pinseln in die Räume in Norby, die meine Se-
minarräume werden sollten, und begannen mit dem
Renovieren.

Und dann passierte das, was vorher unvorstellbar war, aber Realität wurde – der erste Corona Lockdown im März 2020. Ich
weiß noch, wie ich damals auf den Treppenstufen vor dem
Haus in der schon warmen Märzsonne saß. Alles sah so fried-
lich aus, die Krokusse blühten und es begann, zaghaft grün im
Garten zu werden. In mir sah es anders aus. Es war eine Mischung aus „wie gelähmt sein" und wilden Gedanken:
Wie soll das jetzt werden? Ich setze hier mit diesem Haus voll
auf Präsenzveranstaltungen, auf physische Begegnung, auf Leben in diesen Räumen. Gleichzeitig begann ein wahrer Hype im
Coaching- und Beratungsbereich darum, wer jetzt als Erstes

auf Online-Angebote umsattelt. In mir sträubte sich alles. War ich doch damals auch deswegen aus der IT-Konzernwelt ausgestiegen, weil ich eben nicht mehr so viel virtuell mit Menschen zu tun haben wollte, das kannte ich aus dieser Zeit zur Genüge und es war damals auch gut und richtig. Aber jetzt und heute? Das hatte ich mir ganz anders vorgestellt und so wollte ich es genau *nicht*! Und immer wieder die Frage:
Wie soll das jetzt alles zusammenpassen?
War es überhaupt richtig, diesen Schritt mit dem Haus zu machen?
Wie stelle ich mich auf und wie soll es mit „Norby" weitergehen?

Dieser Zustand dauerte zum Glück nur zwei Tage, die mir allerdings wie eine Ewigkeit vorkamen. Doch dann passierte wieder etwas und zwar in dem Moment, als ich mir erlaubte, aus dem ängstlichen und sorgenvollen Gedankenkarussell auszusteigen und tief in mich hineingelauscht habe. Es war ein Moment, in dem alles still in mir war und ich konnte innerlich hören:
Du hättest all das hier nicht gemacht, wenn es nicht richtig gewesen wäre! Ich fühlte, wie mein Vertrauen in mich und meine Intuition zurückkehrte und wieder ihren Platz einnahm. Und ich fühlte, wie ich dadurch wieder Boden unter den Füßen hatte, weil ich mich durch meine Intuition leiten ließ.

Das führte dazu, dass ich aus dieser Starre rauskam und wieder aktiv wurde. Ich dachte: Wenn sonst schon gerade nichts geht, dann nutze ich die Zeit, in Ruhe alles zu renovieren – und begann noch motivierter mit dem Streichen der Wände in meinen zukünftigen Seminarräumen, in Vorfreude auf das bunte Leben, das dort einziehen würde.

Auch meine Haltung bezüglich der Coaching- und Beratungsangebote entwickelte sich weiter. „Ich mache es so, wie es zu mir passt!". Das mündete letztlich in meinem „I AM" Programm, das ich seit Ende des ersten Lockdowns anbiete und das zu einem festen Bestandteil meines Angebotes geworden ist. Es ist eine Mischung aus 1-2 Online-Coachings im Vorfeld. Gefolgt von zwei Intensivtagen vor Ort in Norby mit drei Übernachtungen. Es ist eine Mischung aus der intensiven Beschäftigung mit Themen, die angeschaut werden wollen und gleichzeitig viel Freiraum und Muße zum „Seele weit werden lassen" im Garten, der Sauna oder bei Spaziergängen am Meer. Abgerundet wird das Ganze durch einen Online-Termin nach ein paar Wochen, um zu reflektieren, was sich in der Zwischenzeit verändert hat.

So ist aus der Not heraus etwas Neues entstanden, was ich mir so wohl nicht vorab hätte ausdenken können, und es hat mir wieder einmal gezeigt, dass ich nicht alles planen kann, sondern es sich lohnt, den Mut zu haben, dem Strom des Lebens zu folgen.

Alles ist möglich.
Unerschöpfliche Quellen.
Ich sitze da und staune.
Chancen, soweit das Auge reicht.
Ich muss mich bloß…entscheiden.

Wir sind nicht dazu bestimmt,
klein und hilflos unser Dasein zu fristen.
Jeder Mensch trägt ein riesengroßes Potential in sich,
das er zur schönsten Blüte entfalten kann. Jeder.
Vertraue darauf und zögere nicht länger.
Ergreife Deine Chance, Zum Höchsten aufzusteigen.
Was das Höchste für Dich ist,
weißt nur Du in der Tiefe Deines Herzens.
Hole es hervor.
Was sich dann zeigt, macht Dein Leben unermesslich bunt und
Wun…der…schön!

Mut und Persönlichkeit

„Dem Gehenden schiebt sich der Weg unter die Füße.“
Martin Walser

Das innere Bild, welches eine Person von sich entwickelt, ist einzigartig und bildet den Kern ihrer Individualität. Es entsteht auf Basis unserer Erfahrungen, die wir im Laufe unseres Lebens machen. Es sind Erfahrungen, die aus dem Zusammenleben mit anderen Menschen entstehen. Das können viele positive, aber natürlich auch negative sein. Aus all diesen Erfahrungen entsteht unser inneres Bild, unser Verständnis davon, wie wir Beziehungen und das Miteinander mit anderen gestalten wollen, damit es uns gut geht und wir uns wohl und sicher fühlen. Dieses innere Bild verbinden wir auch mit dem Begriff WÜRDE.

Die Würde zu wahren heißt auch, die eigene Integrität zu wahren. Doch was macht Integrität aus und woran erkenne ich sie? Die eigene Integrität steht mir nicht auf die Stirn geschrieben, sondern äußert sich durch meine Bedürfnisse und Werte, durch das, was ich brauche, um mich sicher, ernst genommen und gesehen zu fühlen. Und diese Bedürfnisse und Werte können zahllose unterschiedliche Formen annehmen und sie sind so facettenreich und vielfältig wie es Menschen gibt. Gerade weil diese beiden wesentlichen Aspekte unseres Daseins nicht offen sichtbar auf dem Tisch liegen, überschreiten wir alle täglich, meist unbewusst, die inneren Grenzen *anderer* Menschen. Und dann kommt es zum Konflikt. Denn wenn wir uns in unserer

Integrität verletzt fühlen, reagieren wir emotional und nehmen die Grenzüberschreitung persönlich – auch wenn unser Gegenüber gar nicht merkt, was gerade geschehen ist. Wir bemerken auch deshalb die Grenzen des anderen oft nicht, weil wir dazu neigen, von uns auf andere zu schließen. Das, was für uns passt, passt auch für andere – so das vermeintlich logische, gleichwohl zu einfache Denken. Mit genau dieser Haltung treten wir anderen schnell auf die Füße, gehen von uns aus, statt darauf zu schauen, was für den anderen passt und gut ist.

Doch woher stammen unsere Werte und Bedürfnisse? Wie wird unsere Persönlichkeit von ihnen geprägt und was hat Mut mit Persönlichkeit zu tun?

Unser Leben wird von der Art, wie wir zu Mut stehen und wie wir ihn einsetzen und leben, beeinflusst. Mut hängt viel mit unserer Persönlichkeit zusammen. Ob wir eher ein harmoniebedürftiger Mensch sind oder jemand, der sich klar von anderen abgrenzt, egal was die anderen denken. Ob wir eher Beständigkeit lieben oder gern und oft Neues anstoßen und verändern. Aus der unterschiedlichen Art, was uns guttut, resultiert auch, wofür wir leicht Mut aufbringen und wann wir scheinbar *gegen* die eigene Persönlichkeit mutig handeln und daran wachsen bzw. auch über uns hinauswachsen.

Seit vielen Jahren arbeite ich gern und regelmäßig mit dem Riemann-Thomann Modell, es ist zu einem sehr hilfreichen und treuen Begleiter in meiner beruflichen Tätigkeit geworden. Kennengelernt habe ich es während meiner Ausbildung zur Klärungshelferin, einer eigenständigen Methode der Mediation.

Natürlich ist ein Mensch immer individueller als ein Modell es jemals abbilden könnte. Doch es kann dazu dienen, einen übergeordneten und damit positiv unpersönlichen Blick auf sich selbst und andere zu werfen.

Das Riemann-Thomann-Modell hilft zu verstehen, welche Motive hinter menschlichem Verhalten stehen. Welche Dynamiken aufgrund unterschiedlicher Persönlichkeit im privaten und beruflichen Miteinander entstehen können. Es dient zur Prognose und Bearbeitung von Konflikten sowie zur persönlichen Weiterentwicklung.

Die Verknüpfung des Riemann-Thomann-Modells mit dem Thema Mut ist meine persönliche Ergänzung dieses sehr hilfreichen Ansatzes. Denn je nach Persönlichkeitstyp warten andere Herausforderungen, die es zu meistern gilt. Andere Ängste, die überwunden werden wollen.

Bevor ich auf die einzelnen Persönlichkeitstypen eingehe, möchte ich etwas zum Hintergrund des Modells sagen. Durch das Eintauchen in die Entstehungsgeschichte hat sich mir das Modell noch mehr erschlossen und es bietet einen sehr interessanten Blick auf die Entwicklung von Persönlichkeit.

Das Modell in seiner heutigen Form hat seinen Ursprung bei Fritz Riemann, einem Psychologen, Psychoanalytiker und Psychotherapeuten, der 1961 eine tiefenpsychologische Studie zum Thema *Grundformen der Angst* veröffentlichte. Darin beschreibt er vier Typen der Persönlichkeit, bei denen es sich, so mit seinen Worten, um vier verschiedene Arten des „In-der-Welt-Seins" handelt. Und auch wenn diese Studie schon über 60 Jahre besteht, gilt sie heute weiter als Standardwerk. Mit dem „In-der-Welt-Sein" verbindet Fritz Riemann vier „Grundformen" der Angst. Er nennt sie den depressiven, schizoiden, zwanghaften und hysterischen (heute histrionischen) Typ.

Zuerst war ich skeptisch, als ich das hörte. Es klang so negativ und wenig hilfreich auf dem Weg, die eigene Persönlichkeit und die von anderen besser zu verstehen. Doch ich las das Buch und meine Einstellung änderte sich maßgeblich. Ich staunte über die genaue, lebendige und faszinierende Beschreibung von menschlichem Verhalten und Empfinden.

Und das Verwirrende war: Bei jedem der Typen dachte ich: „So bin ich". Je nach Beziehung zu anderen Menschen, zum Beispiel meinem Mann, unseren beiden Töchtern, meinem Vater oder Kollegen gegenüber, werden unterschiedliche Persönlichkeitsseiten in mir aktiviert. Das geht nicht nur mir so, sondern hat einen Allgemeingültigkeitscharakter.

Was verbirgt sich hinter den einzelnen Grundformen der Angst nach Fritz Riemann?

Ich stelle die vier Formen an dieser Stelle kurz vor und komme im weiteren Verlauf dieses Kapitels darauf zurück, um bestimmte Verhaltensweisen besser erklären zu können.

Die schizoide Persönlichkeit
Die Hauptangst von Menschen mit dieser Persönlichkeitsstruktur, so Riemann, ist die Angst vor der Hingabe. Es ist die

Angst, sich selbst zu verlieren, wenn ich mich dem anderen gegenüber öffne und mich auf ihn einlasse.

Daraus ergibt sich, dass der schizoiden Persönlichkeit die Ich-Abgrenzung, die Wahrung der eigenen Integrität enorm wichtig ist. Sie strebt danach, so unabhängig wie möglich zu werden, auf niemanden angewiesen zu sein, niemanden zu brauchen und auch niemandem verpflichtet zu sein.

Die depressive Persönlichkeit

Der Gegenspieler der schizoiden Persönlichkeit ist die depressive. Hier dominiert die Angst vor der „Ich-Werdung". Es ist die Angst, selbstständig und eine eigene Persönlichkeit zu werden, weil damit der Verlust von Geborgenheit verbunden wird. Daher ist es das Bestreben, das eigene Ich aufzugeben und ganz im Anderen aufzugehen. Es ist ein Verzicht auf Freiheit, verbunden mit großer Einfühlungsgabe.

Die zwanghafte Persönlichkeit

Bei der zwanghaften Persönlichkeit ist das Hauptmerkmal die Angst vor dem Wandel, vor Veränderung. Oder anders ausgedrückt: Es ist die Sehnsucht nach Beständigkeit. Zwanghafte Persönlichkeiten halten ausgeprägt an Meinungen, Gewohnheiten und Einstellungen fest. Doch Lebendiges und das Leben lassen sich nur bedingt kontrollieren. Daran können zwanghafte Persönlichkeitstypen verzweifeln – und sie versuchen, noch mehr Kontrolle auszuüben. Es ist im übertragenen Sinne eine Angst vor dem Leben.

Die hysterische (histrionische) Persönlichkeit

Gegenspieler zur zwanghaften ist die hysterische Persönlichkeit. Sie lieben alles Neue, Veränderung und das Risiko. Hier steht die Angst vor Endgültigkeit und Begrenztheit im Vordergrund. Im übertragenden Sinne ist es eine Angst vor dem Tod, dem Unvermeidbaren. Sie versuchen immer wieder aus Grenzen, die ihre Freiheit einschränken, zu fliehen, entziehen sich damit aber auch oft der Verantwortung dem Leben gegenüber und laufen Gefahr, das Gefühl dafür zu verlieren, wer sie sind, weil alles immer relativ ist.

Auch wenn sich das jetzt erstmal nicht gerade positiv liest, so stecken doch potenziell entwicklungsfördernde Aspekte hinter den genannten Ängsten. Die Angst kann einem auch zu dem nötigen Mut verhelfen, aus den alten Mustern auszusteigen und daran zu wachsen. Vermeide ich dagegen, mich mit ihnen auseinanderzusetzen, bleibt die Angst bestehen – und *ich* bleibe stehen.

> *„Wo wir eine der großen Ängste erleben,*
> *stehen wir immer in einer der großen Forderungen des Lebens;*
> *im Annehmen der Angst und im Versuch,*
> *sie zu überwinden, wächst uns ein neues Können zu –*
> *jede Angstbewältigung ist ein Sieg,*
> *der uns stärker macht;*
> *jedes Ausweichen vor ihr ist eine Niederlage,*
> *die uns schwächt.“*
> *Fritz Riemann*

Komme ich nun zum zweiten Namen in dem Modell, zu Christoph Thomann, Schweizer Psychologe und Begründer der Mediationsform *Klärungshilfe*. Bereits als junger Psychologe begann er in den 1970er Jahren mit dem Modell von Fritz Riemann zu arbeiten. Schon bald entschloss er sich, die pathologischen Bezeichnungen für die Persönlichkeitstypen wegzulassen und bezeichnete schwierige Gefühle und Verhaltensweisen als Beziehungsphänomene statt als charakterliche Defizite.

Diese Änderung der Bezeichnung zeigte Wirkung. Das, was Christoph Thomann nun als Echo auf das Vorstellen des Modells erhielt, erlebe ich vielfach selbst. Teilnehmende in Seminaren äußern sich dann zum Beispiel so: „Ja, genauso geht es mir auch… Das bist ja du… So ist es auch bei uns… Ach, so siehst du das, darauf wäre ich nie gekommen, ich brauche da etwas ganz anderes". Eine Kernerkenntnis für viele Menschen, denen ich das Modell schon vorgestellt habe, ist: „Der andere verhält sich nicht so wie er sich verhält, weil er *gegen mich* schießen will, sondern er verhält sich so, weil er aufgrund seiner Persönlichkeit etwas anderes braucht, um sich sicher und gesehen zu fühlen. Er macht es *für* sich und nicht *gegen* mich". Diese Erkenntnis bildet die Grundlage, um sich zu öffnen und sich auf den anderen einlassen zu können. Auf einmal ist es möglich, auf dieser Basis und von der abstrakteren Ebene des Modells aus, dem anderen zuzuhören und sich für ihn zu interessieren. Und gleichzeitig gelingt es, von sich selbst zu reden und nicht nur die Sonnenseiten von sich selbst transparent zu machen.

Beim Anwenden des Modells beobachte ich immer wieder eine automatische Dynamik bei den Teilnehmenden, egal ob im Konfliktfall, in der Vorlesung mit Studierenden oder in einer Teamentwicklung: Selbsterkenntnis und Akzeptanz der Andersartigkeit des Anderen. Auf einmal ist der Andere nicht mehr schwierig, nervig oder boshaft, sondern ein Mensch, der einfach anders ist als ich und andere Bedürfnisse hat, um sich als eigene Persönlichkeit wahrgenommen zu fühlen.

Vor diesem Hintergrund arbeite ich ausgesprochen gern mit dem Riemann-Thomann-Modell und möchte es nun etwas ausführlicher vorstellen und den Zusammenhang zum Mut herstellen.

Auch Christoph Thomann geht von vier Persönlichkeitstypen bzw. vier Grundstrebungen aus, die für *jeden* Menschen zutreffen, nur in *unterschiedlich ausgeprägter Intensität*:
Nähe, Distanz, Dauer, Wechsel.

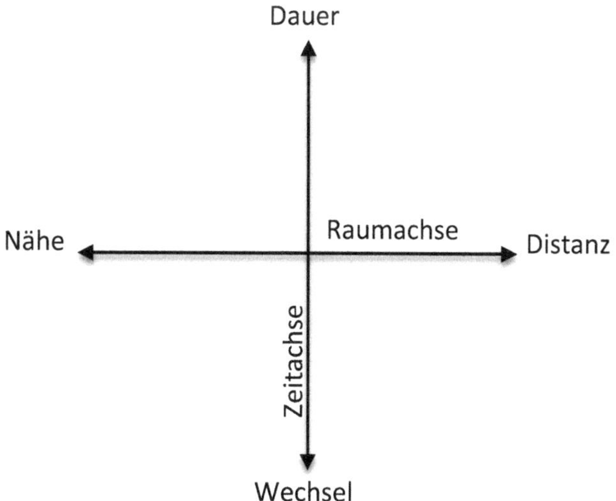

Sie werden auch sehr schön als „vier Himmelsrichtungen der Seele" von F. Schulz von Thun bezeichnet. Die vier Grundstrebungen bilden mit zwei Achsen, der Raum- und der Zeitachse, insgesamt vier Quadranten. Manche Menschen empfinden sich auf der Raumachse dichter an der Nähe, andere eher auf der Distanzseite und manche Menschen sehen sich auf der Zeitachse eher bei der Dauer, andere eher beim Wechsel. Insgesamt fühlen sich die meisten Menschen in einem der sich so ergebenden Quadranten am ehesten zu Hause, zum Beispiel im Nähe-Dauer oder im Distanz-Wechsel-Quadranten.

Die Nähestrebung

Jeder Mensch trägt das Bedürfnis nach Zugehörigkeit, Gemeinschaft, Mitgefühl und Kontakt zu anderen Menschen in sich. Es ist die Sehnsucht nach liebevoller Nähe - danach, lieben zu können und geliebt zu werden.
Die größte Nähe, die wir als Menschen wohl haben können, ist die des Kindes mit der Mutter während der Schwangerschaft im Mutterleib.

Die Distanzstrebung

Kinder kommen zur Welt und erleben sich in den ersten Jahren ganz eins mit ihrer Welt, alle und alles sind eins. Mit 2-3 Jahren ändert sich dieses Erleben und der Sprachschatz des kleinen Kindes wird um zwei ganz entscheidende Wörter erweitert, die vehement und mit Nachdruck geäußert werden: „Nein" und „Ich!" Das ist auch gut so, denn wenn wir immer in der ganz wohligen und alles umfassenden Nähe mit anderen blieben, könnten wir uns nicht zu einer eigenständigen Persönlichkeit entwickeln. Doch darum geht es in unserem Menschsein, um die Entwicklung der eigenen Individualität. So muss das Kind sich also mehr in die Distanz zu den anderen in seinem Umfeld begeben, sich abgrenzen, was durch das „Nein" und das „Ich" unterstützt wird. Mit diesen beiden Begriffen strebt das kleine Wesen danach, die eigene Integrität zu wahren und daran zu wachsen.

In der Distanzstrebung kommt das Bedürfnis zum Ausdruck, ein unverwechselbares Individuum sein zu können und als dieses von anderen respektiert zu werden. Es geht darum, sich klar von anderen abzugrenzen, unabhängig und frei zu sein.

Die Dauerstrebung

Jeder Mensch braucht in einem gewissen Maß das Gefühl von Beständigkeit und Verlässlichkeit im Leben. Es ist die dritte Säule, die existentiell notwendig für uns ist. Es gibt uns Halt, zu wissen, dass es etwas gibt, das den Moment überdauert, was auch langfristig zählt. Dazu gehören auch Begriffe wie Gesetz, Ordnung, Planung, Treue, Ziele, Struktur.

Die Wechselstrebung

So wie ein Kind sich in einer Entwicklung nach und nach aus der absoluten Nähe lösen muss, um sich entwickeln zu können, so muss es sich auch ein Stück weit aus der bewahrenden Beständigkeit lösen und sich auf Veränderung einlassen. Wenn immer alles so bliebe wie es ist, könnte keine Entwicklung erfolgen. Doch sie ist wesentlich für uns, daher brauchen wir alle auch die Wechselstrebung in uns. Es ist der Zauber des Neuen, der Reiz des Unbekannten. Hermann Hesse hat es besonders schön in seinem bekannten Gedicht „Stufen" ausgedrückt.

Soweit zu den Grundstrebungen. Wie äußern sich nun Bedürfnisse und auch Verhaltensweisen konkret in den einzelnen Strebungen? Welche Sonnen- und Schattenseiten macht jede Strebung aus?

Die vier Seiten der „Himmelsrichtungen der Seele"

Sonnenseiten der Nähestrebung

Menschen mit einer ausgeprägten Nähestrebung legen ihren Fokus auf alles Zwischenmenschliche. Sie wünschen sich, geliebte Menschen glücklich zu machen. Es sind empathische, mitfühlende, hilfsbereite Menschen. Sie denken mehr an andere als an sich selbst. Voller Hingabe können sie ganz mit anderen verschmelzen und neigen dazu, andere zu idealisieren. Sie sind meist bescheiden, selbstlos und friedfertig, wirken ausgleichend und lieben Harmonie. Nähe-Menschen schenken grundsätzlich anderen Vertrauen, halten Menschen für von Grund auf gut, sind verständnisvoll und akzeptierend.
Ihr innerer Leitsatz ist: „Ich für Dich".

Schattenseiten der Nähestrebung

Da Nähe-Menschen die Harmonie so wichtig ist, fällt es ihnen schwer, „Nein" zu sagen. Sie haben Angst, dass wenn sie sich von anderen auf diese Art abgrenzen, der Andere sie ablehnt und sie am Ende allein dastehen. Und Alleindastehen ist das Letzte, was Nähe-Menschen wollen, sie befürchten, verlassen zu werden, Einsamkeit und Isolation. Daher tun sie fast alles für die Gemeinschaft und das Zugehörigkeitsgefühl, können dabei aber auch anhänglich und hilflos werden und verzichten oft schon im Voraus.
Sie vermeiden Konflikte, geben schnell nach und es fällt ihnen schwer, Ärger und Aggression auszudrücken. Stattdessen schlucken sie ihren Ärger lieber runter und leiden im Stillen.

Sonnenseiten der Distanzstrebung
Distanz-Menschen zeichnen sich besonders dadurch aus, dass sie unabhängig, freiheitsliebend und selbstbestimmt sind. Sie sind sachlich ausgerichtet und analytisch – in Diskussionen geht es ihnen um die Sache. Weiter sind sie entscheidungsstark, auf niemanden angewiesen und genügen sich selbst. Sich abzugrenzen, fällt ihnen leicht und so können sie auch gut „Nein" sagen.

Auffällig ist, dass Distanz-Menschen häufig scharfe Beobachter sind und ein ganz feines Gespür für andere haben. Hintergrund hierfür ist nicht ein zwischenmenschliches Interesse, sondern das permanente Hinfühlen, ob ein anderer die eigenen Grenzen übertritt. Aus dem gleichen Grund haben sie auch häufig scharfe Sinnesorgane und hören zum Beispiel noch genau, was in einem Restaurant drei Tische weiter entfernt gesprochen wird. Auch hier ist es nicht das Interesse an den Gesprächen anderer, sondern das automatische Überprüfen, ob Abgrenzung notwendig ist.
Ihr innerer Leitsatz ist: „Jeder für sich".

Schattenseiten der Distanzstrebung
Distanz-Menschen sind eher kontaktscheu, im Umgang mit anderen oft auch etwas unsicher und in der Kommunikation können die Mitteltöne fehlen. Sie sind misstrauisch anderen Menschen gegenüber, was sich bis zu Verfolgungsängsten steigern kann. Sie glauben, dass man sich nur auf sich selbst verlassen

kann. Ihre größte Angst ist, durch zu viel Nähe die eigene Individualität und Unabhängigkeit zu verlieren. Sie wirken auf andere oft kühl, unpersönlich, distanziert oder auch abweisend.

Auch Distanz-Menschen sehnen sich nach Intimität. Doch wirkliche Begegnung ist für sie nur dann möglich, wenn sie auf einen Menschen treffen, der ihre Grenzen respektiert und sie nicht verändern will.

Sonnenseiten der Dauerstrebung

Dauer-Menschen stehen für Verlässlichkeit, Pünktlichkeit, Struktur und Bodenständigkeit. Sie sind zielbewusst, planen langfristig, halten gern an Gewohnheiten fest und neigen dazu, einen Sammlertrieb zu haben – sie können sich nur schwer von etwas trennen. Ordnung und Sicherheit ist ihnen wichtig und für das, was sie für „richtig" halten, setzen sie sich auch öffentlich ein.

In passenden Beziehungen stehen sie stabil neben ihrem Partner in gegenseitiger Zuneigung und Achtung. Sie übernehmen Verantwortung für die Gemeinschaft und halten sich an Vorschriften. Hierarchische Strukturen akzeptieren sie, sie geben ihnen Orientierung und Sicherheit.

Weitere wichtige Werte für Dauer-Menschen sind Kontinuität, Beherrschung, Kontrolle, Grundsätze, Pflicht und Verantwortung.

Ihr innerer Leitsatz ist: „Jeder wie ich".

Schattenseiten der Dauerstrebung

„Bitte keine Veränderung, kein Risiko, kein Chaos" – das ist das Motto ausgeprägter Dauer-Menschen in wenigen Worten. Dauer-Menschen haben Angst vor Unvorhersehbarem und begegnen Unbekanntem schnell mit Vorurteilen und abwertend. Sie neigen dazu, konservativ, dogmatisch und pedantisch zu sein, sind überkorrekt und ein Hang zu Machtgier ist vorhanden. Ihnen wird sehr unwohl, wenn andere ihre Vorstellungen hinterfragen und durcheinanderbringen. Deshalb wollen sie andere beherrschen, ihnen sagen, was sie tun sollen und neigen dazu, andere zu kontrollieren. Denn wenn der Dauer-Mensch die Kontrolle hat, hat er auch im Griff, wann Veränderung stattfindet.

Sie haben ein großes Bedürfnis nach Absicherung und Planung, was dazu führt, dass sie Entscheidungen nur zögerlich treffen. Sie können sich pedantisch an Kleinigkeiten aufhalten, achten sehr auf Geld, Disziplin und Pflichten. Das kann so weit gehen, dass sie Freude, Genuss und Lust bekämpfen.

Sonnenseiten der Wechselstrebung

Wechsel-Menschen können für ihre Umgebung eine echte Bereicherung sein, sie sind die „Paradiesvögel" im Alltag. Sie sind spontan, flexibel, begeisterungsfähig, gehen offen und kommunikativ auf andere Menschen zu. Oft haben sie auch charmante Wesenszüge, so dass man ihnen schwer etwas abschlagen oder ihnen lange böse sein kann.

Sie sind risikofreudig, schlagen gern und unkonventionell neue Wege ein – sie sehen Möglichkeiten statt Hindernisse und haben innovative Ideen. Sie lieben ihre Freiheit und Veränderungen, sind lebenslustig und lassen auch anderen ihre Freiheit. Sie sind anpassungsfähig mit großem Improvisationstalent, gehen spielerisch und fast unbekümmert auch in schwierige Situationen.

Ihr innerer Leitsatz ist: „Jeder wie er will".

Schattenseiten der Wechselstrebung

Wechsel-Menschen haben Angst vor jeder Einschränkung, insbesondere wenn etwas endgültig oder unausweichlich ist. Daher neigen sie auch dazu, Verpflichtungen oder Vorschriften aus dem Weg zu gehen und legen sich nicht gern fest. Es sind zum Beispiel im Arbeitsumfeld diejenigen, die in der Minute, in der Aufgaben verteilt werden, kurz mal aufstehen, um sich im Vorraum noch einen Kaffee zu holen oder leider früher einen Termin verlassen müssen.

Das, was auf der Sonnenseite noch flexibel und spontan war, wird auf der Schattenseite unzuverlässig und unverbindlich. Wechsel-Menschen sind in ihrer Persönlichkeit schwer fassbar, sie können sich verändern, wie ein Chamäleon und entsprechend schnell ändert sich auch ihre Meinung. Sie haben häufig einen geringen Spannungsbogen, eine geringe Frustrationstoleranz und müssen Bedürfnisse oft unmittelbar befriedigen, können schwer warten und sind ungeduldig. Sie sind für jede Ablenkung dankbar und daher leicht verführbar durch die Magie des Momentes. Sie neigen zu Narzissmus, sind schnell verstimmt und launisch.

Gedanken an Tod und Alter versuchen sie zu vermeiden. Sie kleiden sich häufig bis ins Alter jugendlich, versuchen insgesamt äußerlich, solange es irgendwie geht, jung auszusehen und nehmen dafür auch viele „verschönernde" Maßnahmen in Kauf.

Verhalten unter Druck und was dann am besten hilft

Ich habe in den vorangegangenen Abschnitten bewusst über Sonnen- und Schattenseiten im normalen Alltag gesprochen und nicht über Stärken und Schwächen. Hintergrund ist meine Überzeugung, dass die Schattenseiten lediglich übertriebene Stärken bzw. ein "Zu viel des Guten" sind.

So setzt es sich auch mit dem Verhalten unter Druck fort. Das, was als Schattenseite ein „Zu viel des Guten" war, wird im Verhalten unter Druck noch massiv gesteigert, teilweise bis hin zu groteskem Verhalten. Hinter diesem extremen Verhalten liegt jedoch immer ein guter Kern. Es ist lediglich ein Ausdruck großer innerer Not, die gehört und gesehen werden will. Das Verhalten unter Druck bringt die eigene Hilflosigkeit zum Ausdruck im Versuch, sich selbst zu fühlen und die Situation handhaben zu können.

Bei der Frage, was am besten hilft, um in der jeweiligen Strebung aus dem Stressempfinden wieder herauszukommen, geht es um folgendes: Wie kann ermöglicht werden, dass sich der jeweilige Typus wieder *sicher* fühlt und Boden unter den Füßen hat?

Die Nähestrebung

Gerät ein Nähe-Mensch unter Druck bzw. Stress, neigt er dazu, zu resignieren und mutlos zu werden. Er wird weinerlich und ist schnell eingeschnappt, fühlt sich als Opfer der Umstände. Das ist eine subtile Haltung, denn wenn ich die leidtragende

Person bin, müssen andere mich retten und ich muss mich nicht bewegen.

Das weinerliche Verhalten kann noch verstärkt werden, kann selbstmitleidige, auch selbstzerstörerische Züge annehmen.

Da Nähe-Menschen dazu neigen, im Konflikt bzw. unter Druck nachzugeben und Frustrationen, Kränkungen, Ärger und Enttäuschungen zu schlucken, findet vorhandene Aggression kein Ventil. Sie äußert sich stattdessen in Passivität und Antriebsschwäche, was das resignierende und mutlose Verhalten erklärt. Je größer der Druck wird, umso eher neigt ein ausgeprägter Nähe-Mensch dazu, gar nichts mehr zu machen, einfach sitzen zu bleiben und nichts mehr zu fühlen. Es kommen Gedanken wie „Es hat doch sowieso alles keinen Sinn, das ist nicht zu schaffen, warum lassen wir es nicht einfach sein?"

Was hilft dem Nähe-Menschen in solchen Situationen?
Die Überschrift dazu kann lauten: Kontakt suchen und haben dürfen!

Da sich der Nähe-Mensch tendenziell als Opfer fühlt, hilft es ihm, anzuklagen und alles aussprechen zu können, was ihn belastet. Dem Nähe-Menschen hilft die berühmte Schulter zum Anlehnen und Ausweinen. Er möchte, dass sich jemand Zeit für ihn nimmt, ehrlich zuhört und ihn versteht. Wärme und Geborgenheit zu spüren, ist wichtig: Das kann ein warmes Bad mit wohlriechendem Öl sein oder auch mit einem heißen Tee, Schokolade und Kuscheldecke auf dem Sofa sitzen und ein Buch lesen oder einen Film schauen. Es kann ein langes

Telefonat oder ein gemeinsamer Kaffee mit einer nahestehenden Person im Lieblingscafé sein.

Die Distanzstrebung

Das, was bei dem Distanz-Menschen als distanziert und kühl im Verhalten als Schattenseite beobachtbar ist, wird unter Druck bzw. im Stress nun arrogant, überheblich, zynisch, verachtend. Er kann explosiv und hassend werden. Hintergrund ist, dass sich der Distanz-Mensch in Konflikten schnell existentiell bedroht fühlt. Die Welt wird als schlecht und Menschen grundsätzlich als böse hingestellt. Sie empfinden dann fast jedes Verhalten anderer als gegen sich gerichtet und nehmen alles sehr schnell persönlich.

Aggressivität ist bei Distanz-Menschen häufig ein Mittel, um Kontakt aufzunehmen.

Was hilft dem Distanz-Menschen in solchen Situationen?

Die Überschrift dazu kann lauten: Sich ohne Schuldgefühle zurückziehen!

Distanz-Menschen ist es absolut wichtig, in solchen Situationen erst einmal allein zu sein. Sie wollen alles für sich durchdenken, Selbsterforschung betreiben, von Dingen Abstand bekommen, sich alles „von der Seele schweigen" – oft in langen einsamen Spaziergängen. Erst wenn sie das Problem für sich gelöst haben, besprechen sie sich mit anderen Menschen.

Meine Beobachtung ist, dass gerade Distanz-Frauen die Überschrift „Sich ohne Schuldgefühle zurückziehen" wie einen lang ersehnten Freibrief erleben. Denn nach wie vor zieht vielfach das Klischee, dass Frauen am liebsten andauernd und über alles reden, was jedoch einfach nicht der Fall ist. Ich kenne viele Frauen, die froh sind, wenn sie sich zurückziehen und für sich sein können, nicht nur in stressigen Situationen.

Die Dauerstrebung

Selbstbeherrschung und Selbstkontrolle sind wichtig für Dauer-Menschen. Beides führt dazu, dass sie in Konflikten kompliziert, stur, gehemmt und verhärtet werden. Sie sind dann borniert, empören sich und werden subtil moralisch. Da fallen dann Sätze wie „Ich wollte ja nur, dass hier alles stabil bleibt, aber wenn ihr meint, ihr müsst es anders machen…" Das Subtile daran ist, dass sie in solchen Situationen scheinbar moralisch auf der richtigen Seite sind und sich nur für die Sache einsetzen – sie wähnen sich im Recht. Doch dahinter verbirgt sich oft das Bestreben, alles unter Kontrolle zu halten und über solche Sätze nicht angreifbar zu sein und den eigenen Willen durchzusetzen.

Aggression wird bei Dauer-Menschen versteckt ausgelebt: Häufig durch Trödeln, unentschlossen sein, Entscheidungen herauszögern.

Was hilft Dauer-Menschen in solchen Situationen?

Die Überschrift dazu kann lauten: Ordnung, Übersicht, Vertrautes!

Unter Druck und Stress hilft es den Dauer-Menschen am meisten, Ordnung in der Innen- und Außenwelt zu schaffen. Das kann sich sehr unterschiedlich äußern: Wer ohnehin schon beispielsweise mit Excel arbeitet, wird jetzt vielleicht noch detailreichere Excel-Sheets entwerfen oder andere Schemata nutzen, um über das Ordnen im Außen Ordnung im Innen zu schaffen. Alle Tätigkeiten helfen, die klar strukturiert oder reglementiert sind, auch Schach oder Karten spielen. Ordnung im Außen schaffen kann auch bedeuten, staubzusaugen, die Werkstatt oder den Keller aufzuräumen, zu putzen oder abzuwaschen.

Die Wechselstrebung

Unter Druck und im Stress wird bei Wechsel-Menschen das, was als Schattenseite unverbindlich und unzuverlässig war, nun oberflächlich und unehrlich. Alles im Versuch, auszuweichen und sich nicht festlegen zu müssen. In Konflikten neigen sie dazu, schnell einzulenken oder zu dramatisieren, sie sind die „Dramaqueens" unter den vier Persönlichkeitstypen. Es kann auch sein, dass sie versuchen, andere mit ihren Gefühlsäußerungen zu überrumpeln. Sie neigen zu Beschönigung, Berechnung und zum Intrigieren.

Ausgeprägte Wechsel-Menschen sind unter Druck besonders auf der Suche nach Bestätigung, gleichzeitig mangelt es ihnen an Selbstkritik und Selbstkontrolle. Darin zeigt sich auch ihr Umgang mit Aggression: Sie wollen sich unbedingt bewähren und haben einen starken Geltungsdrang.

Was hilft Wechsel-Menschen in solchen Situationen?

Die Überschrift kann lauten: Ausweichen, fliehen, Intensität suchen!

Wechsel-Menschen brauchen unter Druck und im Stress als allererstes: Action, Abwechslung, ereignisreiche Situationen als Flucht nach vorn. Die Palette der Möglichkeiten an Ablenkung ist groß: Möbel umstellen, Wände streichen, Haare schneiden, Reisen (gern „last minute") buchen, spontan übers Wochenende Freunde besuchen oder auf öffentlichen Veranstaltungen neue Leute kennenlernen.

Mutig über den Schatten springen

Wie sind nun Mut und Persönlichkeit konkret zusammenzubringen?

Mut hat viele Gesichter – weil die Schatten so unterschiedlich sind, über die man springen muss!

Zu Beginn dieses Abschnitts habe ich erläutert, welche vier Grundformen der Angst Fritz Riemann in uns Menschen sieht. Wir haben sehen können, dass Menschen von unterschiedlichen Ängsten angetrieben werden und ihr Leben an diesen, meist unbewussten Ängsten ausrichten.

Weiter oben in diesem Buch bin ich darauf eingegangen, wie Mut und Angst zusammenhängen: Mit Mut bin ich fähig, Angst zu überwinden.

Welchen Mut brauchen die unterschiedlichen Strebungen, um ihre Ängste zu überwinden, daran zu wachsen und sich in ihrer Persönlichkeit zu entwickeln?

Die Nähestrebung

Wir haben gesehen, dass Menschen, denen Harmonie und Gemeinschaft wichtig ist, sich leicht dafür einsetzen, dass die Stimmung in der Gemeinschaft ausgeglichen ist und sie gehen empathisch auf Wünsche und Befindlichkeiten anderer Menschen ein.

Intention hinter dem Bewahren der Harmonie ist die Grundangst vor der „Ich-Werdung". Es ist die Angst, allein dazustehen, verlassen zu werden, aus dem Kontakt zu anderen herauszufallen. Denn wenn ich ganz in den anderen eintauche oder in der Gemeinschaft aufgehe, muss ich weniger „Ich" sein, muss mich nicht abgrenzen.

Hier ist nun der Mut zu finden, den Nähe-Menschen aufbringen müssen, wenn sie sich entwickeln und entfalten wollen. Sie sind aufgefordert, sich gesund abzugrenzen, „Nein" zu sagen, anzuecken und für sich einzustehen. Dies bereitet ihnen Unbehagen, da sie Angst haben, dass sich dann der andere von ihnen abwendet, sie nicht mehr mag, sie aus der Gemeinschaft ausgeschlossen werden. Sie brauchen Mut, um klar und selbstverständlich vor anderen zu stehen, ohne sich klein und unbedeutend zu fühlen. Sie brauchen Mut, sich zu zeigen und es auszuhalten, gesehen zu werden. Sie müssen dafür bereit sein, die eigene Komfortzone des „sich hinter anderen zu verstecken" zu verlassen (gut verpackt als „Ich helfe doch nur gern") und allein auf der Bühne des Lebens zu stehen – egal, was andere von ihnen halten oder über sie denken. Sie brauchen Mut, die Verantwortung für das eigene Leben zu übernehmen und nicht länger darauf zu warten, von anderen mitgezogen oder auch gerettet zu werden. Der Lohn dafür ist ein befreites, unabhängiges und leuchtendes „Ich".

Ein Beispiel:

Ein Nähe-Mensch bekommt eine Einladung zu einer Feier, zu der er eigentlich gar nicht gehen möchte. Oder er wird gebeten, einem Kollegen einen Gefallen zu tun, obwohl es zeitlich überhaupt nicht passt. Aus dem Harmoniewunsch heraus sagt der Nähe-Mensch „Ja", obwohl er „Nein" sagen wollte. Statt sich ungesund anzupassen, gilt es hier, den Mut aufzubringen, für

sich einzustehen, auch wenn die andere Person auf ein „Nein"
ablehnend regieren könnte.

Ein weiteres Beispiel:

Ein Team sitzt zusammen und es geht darum, Entscheidungen
für das weitere Vorgehen im Projekt zu treffen. Der Nähe-
Mensch hat durchaus eine Meinung, hält sie aber zurück, weil
er nicht anecken möchte. Hier ist der Mut gefordert, Initiative
zu ergreifen, sich aus der Deckung zu trauen und zu handeln
bzw. die Stimme zu erheben.

Die Distanzstrebung

Ganz andere Mut-Herausforderungen haben Menschen, die
von Natur aus eher distanziert und abgegrenzt sind. Ihnen fällt
es leicht, auch unbequeme Dinge anzusprechen, für die Sache
zu kämpfen, anzuecken. Es ist ihnen nicht so wichtig, was andere von ihnen denken und sie sind insgesamt mehr aufgaben-
als menschenorientiert. Für sie ist die viel größere Herausforderung, sich auf andere Menschen einzulassen. Es ist die
Grundangst vor der Hingabe.

Distanz-Menschen haben latent die Befürchtung, sich selbst
und damit die eigene Individualität und Integrität zu verlieren,
wenn sie sich auf andere Menschen einlassen. Andersherum:
Es macht ihnen Angst, andere Menschen an sich heranzulas-
sen, sich ihnen gegenüber zu öffnen.

Der Mut, den Distanz-Menschen aufbringen müssen, hat viel
mit Vertrauen zu tun. Von Natur aus sind sie misstrauisch,
glauben per se nicht an das Gute im Menschen. Sie müssen also
den Mut aufbringen, sich zu öffnen und darauf zu vertrauen,

dass nichts Schlimmes passiert – dass sie weiterhin sie selbst sein können. Mut bedeutet für Distanz-Menschen auch, sich verletzlich zu zeigen, etwas über sich preiszugeben, was vielleicht nicht so schmeichelhaft ist. Sie machen sich damit angreifbar, ein Gefühl, das großes Unbehagen in ihnen auslöst. Doch sie werden dadurch auch greifbarer, menschlicher, zugänglicher. In ihrem tiefen Inneren sehnen sich auch Distanz-Menschen nach Nähe. Wenn sie jemanden treffen, der ihre Grenzen respektiert, können sie den Mut aufbringen, sich für wirkliche Begegnung zu öffnen und inniglichen Kontakt zulassen.

Ein Beispiel:

Ein Distanz-Mensch ist in einer Situation ratlos oder überfordert. Da er sich sehr ungern verletzlich zeigt, macht er alles mit sich selbst aus. Wenn dieser Distanz-Mensch jedoch auf eine andere Person trifft, die ihn nicht drängt, zu reden, sondern mit Respekt signalisiert, dass sie ihn sieht und einfach loyal für ihn da ist, kann ein Distanz-Mensch freiwillig - und diese Freiwilligkeit ist wichtig - auf die andere Person zugehen und sich mit ihr austauschen bzw. sich eine Einschätzung der Situation geben lassen.

Die Dauerstrebung

Wieder anders sieht es bei Menschen aus, denen es Halt im Leben gibt, wenn möglichst alles beständig und berechenbar ist. Sie setzen sich im Zusammensein mit anderen mutig dafür ein, dass Strukturen stimmen, Pünktlichkeit und Verlässlichkeit eingehalten werden. Dagegen fällt es ihnen schwer, sich auf die

Unberechenbarkeit des Lebens einzulassen, auf Veränderungen und spontane Flexibilität. Es macht ihnen Angst, das Leben nicht im Griff zu haben – oder um es mit anderen Worten auszudrücken: Sie haben Angst vor Kontrollverlust. Denn Kontrolle gibt ihnen Sicherheit.

Dauer-Menschen müssen Mut aufbringen, loszulassen, zum Beispiel Gewohnheiten, Kleidungsstücke oder Ansichten. Aber auch Menschen, denen sie sagen wollen, was sie zu machen oder wie sie zu sein haben. Gefühlt lassen sie sich dann im freien Fall auf das Ungewisse ein. Doch wenn sie die Erfahrung machen, dass nichts Negatives passiert, wenn man vom Altbewährtem abweicht, sondern das Leben dadurch bunter, freudiger und reicher werden kann, können sie langsam in eine neue Sicherheit hineinwachsen und ihre Persönlichkeit weiter entfalten.

Sie müssen Mut aufbringen, den eigenen Plan über Bord zu werfen, sei es bei kleinen Dingen wie die Gestaltung eines Abends oder bei größeren Dingen wie Reisen, Umzügen oder einem Jobwechsel. Das geht nicht von einem Tag auf den anderen, aber es geht in kleinen Schritten.

Die Wechselstrebung

Menschen, für die Abwechslung ein großer Lebensinhalt ist, lieben Spontaneität und Flexibilität. Ihnen fällt es sehr leicht, neue Leute kennenzulernen, in wechselnden Projekten zu arbeiten, kurzentschlossen am Wochenende zu verreisen. Sie lassen sich sehr schnell auf alles Neue ein und können damit oft Vorreiter für neue Ideen und Ansätze sein.

Wechsel-Menschen tun sich schwer damit, Begrenztheit und Unvermeidbares zu akzeptieren. Sie wollen oft nicht wahrhaben, dass Dinge, Situationen, Menschen vergänglich sind und es nur bedingt in ihrer Hand liegt, dies zu vermeiden.

So brauchen Wechsel-Menschen Mut, sich auf Beständigkeit einzulassen, ohne Angst zu haben, dass es sie einengt und ihnen die Luft zum Atmen nimmt. Dafür müssen sie ihre Komfortzone der ständigen Abwechslung verlassen, um erfahren zu können, dass auch Beständigkeit ein Aspekt des Lebens ist, der Vorteile mit sich bringt und Routine manches im Leben erleichtert.

Wechsel-Menschen brauchen regelmäßig Bestätigung, um sich wohl und sicher zu fühlen. Bekommen sie diese nicht, stellt sich schnell (meist unbewusst) das Gefühl ein: „Niemand kümmert sich um mich. Hier ist kein Platz für mich". Sie brauchen also Mut, auszuhalten, dass sie mal nicht im Mittelpunkt stehen und die Aufmerksamkeit der anderen auf sich ziehen. So können sie erfahren, dass sie trotzdem ihren Platz haben, ihn einnehmen und halten können, auch wenn gerade niemand in der Nähe ist, der ihren Wert bestätigt.

Angst als Entwicklungsfaktor

Basierend auf der Arbeit von Fritz Riemann und den obigen Betrachtungen haben unsere Grundängste eine wichtige Bedeutung: Sie sind ein nicht wegzudenkender Faktor unserer persönlichen Entwicklung. Aus diesem Blickwinkel heraus kann Angst als etwas Positives betrachtet werden und einen Aufforderungscharakter haben. Nehmen wir die Aufforderung an, hilft uns Mut bei der Umsetzung des Entwicklungsimpulses. Beide gemeinsam tragen dazu bei, in eine erweiterte persönliche Freiheit hineinzuwachsen.

> *„Wenn jeder alles von dem anderen wüsste,*
> *Es würde jeder gern und leicht verzeihen,*
> *Es gäbe keinen Stolz mehr, keinen Hochmut"*
> *(Hafis)*

Mut und Leben: Biographiearbeit

Gleich vorweg: Nein, es ist keine Methode, die oft in Altersheimen praktiziert wird, um älteren Menschen zu helfen, das eigene Leben zu erinnern.

Es ist ein zeitloser methodischer Ansatz, der die Idee aufgreift, das Leben insgesamt als persönlichen Entwicklungsweg aufzufassen, der immer individuell ist und zugleich allgemeinen Gesetzmäßigkeiten zuzuordnen ist. Er hilft, kreativ und systematisch aus der Vogelperspektive auf das eigene Leben zu schauen und Zusammenhänge zu erkennen, die für die Gegenwart aufschlussreich und hilfreich sind.

Sich selbst zu begegnen und sich mit anderen Augen zu betrachten, ist Basis für die Biographiearbeit – eine sehr gute Möglichkeit, herausfordernde Situationen selbstbestimmt zu meistern und den roten Faden im eigenen Leben authentisch zu gestalten.

Muster und Verstrickungen, mit denen wir uns und unserem Potenzial selbst im Weg stehen, werden uns bewusst und können damit verändert werden. Was ist das Gute an Umbrüchen und schwierigen Lebenssituationen? Welche Kraft können wir aus ihnen schöpfen und welche Fähigkeiten und Kompetenzen können aus ihnen erwachsen?

All das sind Fragen, mit denen sich die Biographiearbeit, so wie ich sie verstehe und kennengelernt habe, beschäftigt. Es geht dabei immer um die Ausrichtung auf die Zukunft, auch wenn punktuell in die Vergangenheit geschaut wird. In einem Satz geht es darum: Wer bin ich heute, wer will ich werden und wie komme ich dahin? Dadurch, dass wir uns mit diesem Ansatz selbst immer besser kennenlernen und das Ich vertieft erleben, wächst der Mut, die eigene Komfortzone zu verlassen und über sich selbst hinaus zu wachsen.

Kinder folgen einem unsichtbarem Entwicklungsfaden und es ist enorm, wie viel Entwicklung in den ersten Lebensjahren geschieht: Krabbeln, Laufen, Sprechen, Lesen, Schreiben – die Liste ließe sich beliebig weiterführen. Auch Erwachsene entwickeln sich. Doch im Gegensatz zum Kind geschieht bei uns Entwicklung nicht mehr von allein. Sie geschieht nur, wenn wir uns aktiv, mutig und initiativ auf unser Leben einlassen.

Alle Jahre wieder

Ein Teilnehmer in einem meiner Biographiearbeit-Seminare sagte einmal, nachdem ich die allgemeinen Gesetzmäßigkeiten vorgestellt und sie inhaltlich erläutert hatte: „Ich habe dir zugehört und immer wieder gedacht: Wieso kennt sie mein Leben, sie war doch bisher gar nicht dabei?" Dieses Phänomen beobachte ich häufiger und mir ging es im Rahmen meiner Ausbildung zum biographischen Coach ähnlich. Natürlich ist jedes Leben immer individuell und doch gibt es allgemeingültige Gesetzmäßigkeiten, die sich wie ein unsichtbarer Faden durch die Leben ziehen.

Was sind die allgemeinen Gesetzmäßigkeiten in der Biographiearbeit?

Die erste Gesetzmäßigkeit ist, dass es übergreifend drei große Lebensabschnitte gibt, die sich jeweils in 21 Jahre unterteilen lassen:

Erster Abschnitt: 0-21 Jahre
Körperliche Entwicklung – hier finden auf der körperlichen Ebene Wachstum und Entwicklung statt.
Wir leben in dieser Zeit ganz besonders in starker Verbundenheit zu unserer Umgebung und wir sind besonders in den ersten Jahren sehr davon abhängig, zu nehmen und zu bekommen.

Gleichzeitig lernen wir in dieser Zeit, uns genau von diesem Umfeld auch zu lösen, um eigenständige Individuen zu werden. In diesem Abschnitt liegen unsere Energiereserven, aber auch unsere Energieräuber. Es ist wichtig, die schwierigen Themen aus dieser Zeit kennenzulernen, denn genau sie sind es, die uns unser gesamtes späteres Leben unverhofft die Lebensenergie absaugen können – so als würde man den Stecker ohne Vorwarnung aus der Steckdose ziehen.

Zweiter Abschnitt: 21 – 42 Jahre
Seelische Entwicklung – wir lernen uns kennen, wir entdecken die Welt, wir organisieren uns unser eigenes Leben.
Auf der Körperebene befinden wir uns auf einem Plateau – unsere ganze Körperkraft steht uns zur Verfügung. Alles erscheint machbar und wir haben viel Organisations- und Umsetzungskraft.

<u>Dritter Abschnitt: 42 – 63 Jahre</u>

Geistige Entwicklung – Selbstverwirklichung. Es geht darum, die eigene Lebensaufgabe zu finden.

Körperlich beginnt – zunächst meist unbemerkt – die Zeit des Alterns. Dadurch stehen jedoch die Lebenskräfte, die vorher körperlich gebunden waren, zur freien Verfügung. Werden sie aktiv genutzt, kommen wir zu einem umfassenden Verständnis des Lebens, das uns Gelassenheit schenkt. Es beginnt die Zeit des Gebens.

Und was kommt danach? Natürlich ist das Leben nach diesem Abschnitt noch lange nicht zu Ende. Doch während die ersten drei Abschnitten wie ein „Pflichtteil" sind, gestaltet sich der große Abschnitt danach eher als „Kür" und steht nicht unter bestimmten Überschriften.

Innerhalb der drei Abschnitte gibt es wiederum eine Unterteilung, und zwar jeweils in Abschnitte von sieben Jahren. Für den Rahmen dieses Buches habe ich mich entschieden, den Fokus im folgenden Kapitel auf die Jahre 42-49 und 49-56 zu legen.

Jeder einzelne Abschnitt, jedes Jahrsiebt, ist aufschlussreich für die Betrachtung des eigenen Lebens und in jedem Abschnitt sind wir anders aufgefordert, mutig zu sein. Interessant sind besonders auch die Übergänge von einem Jahrsiebt zum nächsten. Jedes Jahrsiebt hat eigene Lebensthemen, die einen sehr unterschiedlich fördern bzw. fordern und so manches Mal fällt es schwer, sich aus dem einem Themenkomplex zu lösen und sich auf den nächsten einzulassen.

Biographie und Schicksal

„Es keimen der Seele Wünsche,
Es wachsen des Willens Taten,
Es reifen des Lebens Früchte.

Ich fühle mein Schicksal,
Mein Schicksal findet mich.
Ich fühle meinen Stern,
Mein Stern findet mich.
Ich fühle meine Ziele,
Meine Ziele finden mich.

Meine Seele und die Welt sind Eines nur.

Das Leben, es wird heller um mich,
Das Leben, es wird schwerer für mich,
Das Leben, es wird reicher in mir.“
Rudolf Steiner

Zusammenhang zwischen Schicksal und dem roten Faden der eigenen Biographie

Gibt es einen roten Faden in der Biographie? Und wenn ja, was ist das eigentlich, wo finde ich ihn und was sagt er mir?

Fragst du dich auch immer mal wieder, was der rote Faden in deinem Leben ist? Diese Frage kann latent im Hintergrund sein, mal verschwindet sie fast ganz, dann wieder steht sie massiv im Vordergrund, fast wie ein sehnsüchtiges Suchen danach, um endlich zu verstehen, was das EINE ist, das sich durchs Leben zieht. Es geht dabei auch schnell um die Frage nach dem Schicksal. Aber gibt es überhaupt dieses EINE im Leben? Ich glaube nicht. Werfen wir also einen genaueren Blick auf den Zusammenhang zwischen dem roten Faden, der Biographie und dem Schicksal.

Möglichkeiten als Wegweiser
Schicksal ist ein großes Wort und scheint sich daher schwer greifen zu lassen. Ich stelle es mir bildlich immer so vor, dass ich mit einem Rucksack voll von Talenten, Fähigkeiten und Lebensaufgaben in diese Welt komme. Aufgaben, die sich meine Seele vorgenommen hat, an denen sie sich weiterentwickeln will. Nun kommt das Schicksal ins Spiel. Das Schicksal bietet uns Möglichkeiten, um das zu verwirklichen, was wir in diesem Rucksack mitgebracht haben. Es lässt unterschiedlichste Gelegenheiten und Situationen entstehen, um das zu ergreifen und umzusetzen, was wir uns ursprünglich vorgenommen haben.

Ich kenne recht viele Menschen, bei denen der Gedanke daran, dass wir vom Schicksal geprägt sind, deutlich Widerstände auslöst. „Dann ist ja schon alles vorgegeben! Und was ist dann mit dem freien Willen?" Ja, Lebensaufgaben sind aus meiner Sicht vorgegeben, aber es gibt fast unendlich viele Möglichkeiten, diese umzusetzen. Das Schicksal ist da oft sehr erfinderisch und recht humorvoll, um uns immer wieder Möglichkeiten zu bieten, Themen aufzugreifen und anzugehen.

Kennst du das auch? Wenn sich mehrfach hintereinander, mehr oder weniger zeitversetzt, ähnliche Situationen ergeben und du denkst: Jetzt ist das schon wieder so! Warum denn nur? Kann das nicht mal aufhören? Dann sind es mit hoher Wahrscheinlichkeit unterschiedliche Varianten von Möglichkeiten, die das Schicksal für dich bereithält, an ihnen zu wachsen. Aber es ist jedes Mal die ganz eigene Entscheidung, wie der Umgang damit erfolgt – durch unseren freien Willen.

Wie positiv es sich auswirken kann, die angebotene Möglichkeit zu ergreifen, zeigt folgendes Beispiel:
Bei einer Feier treffe ich nach vielen Jahren einen alten Schulfreund wieder und lerne dabei seine Frau kennen, die unter anderem als Yoga-Lehrerin tätig ist. Wir unterhalten uns erst über allgemeine Dinge, dann immer interessierter und tiefer und ich merke: Da steckt mehr drin. Wir haben das gleiche Hotel und treffen uns unausgesprochen zur gleichen Zeit beim Frühstück, unterhalten uns weiter. Wir könnten danach einfach auseinander gehen, dann wäre es eine kurze inspirierende Begegnung gewesen. Tun wir aber nicht. Wir suchen den Kontakt, ich melde mich bei einem ihrer Seminare an, sie meldet sich bei einem meiner Seminare an. Sie kommt – und es entsteht eine erkenntnisreiche Begegnung. Begegnung miteinander und Begegnung mit sich selbst: Es geht um Themen wie „zur eigenen Größe stehen, Raum einnehmen…". Ich frage sie, ob sie bei einem meiner nächsten Seminare verantwortlich den Yoga-Part übernehmen möchte – so wird daraus eine berufliche Zusammenarbeit.

Das Schicksal bot mir eine scheinbar kleine Möglichkeit bei einem Glas Prosecco an einem Stehtisch...ich habe die Möglichkeit genutzt und sie wird damit Teil meiner Biographie.

Das Schicksal enthält viel mehr Möglichkeiten als realisierbar sind. So wie zum Zeitpunkt der Geburt viel mehr Möglichkeiten an Verbindungen zwischen Nervenzellen möglich sind als wir jemals realisieren könnten, so ist es auch mit den Möglichkeiten, die das Schicksal uns für die Lebensgestaltung zur Verfügung stellt. Welche Möglichkeiten wir ergreifen und an welchen wir vorbeigehen, ist unsere Entscheidung.

Oft sind gerade Menschen oder Situationen hilfreich, die uns scheinbar an dem hindern, was wir meinen zu wollen. Doch das Schicksal will nie etwas verhindern. Nicht selten sind es Möglichkeiten, in denen wir mit uns, anderen Menschen oder den Umständen ringen. Solche anstrengenden Situationen und Begegnungen mit anderen Personen sind nicht zufällig. Es sind Menschen, die uns auf die Nerven gehen, die wir innerlich „Idiot“, „Blödmann“ oder „Zicke“ nennen. Entgegen unserer Wahrnehmung sind es nicht diese Menschen, die unseren Ärger, unsere Wut, unsere Ohnmacht und Verzweiflung verursachen, sondern sie lösen solche und andere unangenehme Emotionen, die schon lange in uns vorhanden sind, lediglich aus. Sie drücken unsere „Knöpfe“ und das ist kein Unglück, in Wirklichkeit ist es ein Segen für uns.

Robert Betz bezeichnete solche Personen in seinem Buch „Willst Du normal sein oder glücklich“ auch gern mal als ‚Arschengel‘. Erkennen wir den Wert dessen, was wir von solchen

Menschen über uns erfahren können, sehen wir sie mit anderen Augen.

Biographie
Vor einiger Zeit habe ich an einer Messe teilgenommen und war dort mit einem Stand zum Thema Biographiearbeit vertreten. Zwei intensive Tage mit vielen Gesprächen, mit ganz unterschiedlichen Menschen. Ihnen gemeinsam war, dass sie auf der Suche sind. Nach dem Sinn im Leben, nach dem, was sie erfüllt, nach Orientierung, nach Abgrenzung – nach Lebendigkeit. Ich stelle in der Biographiearbeit immer wieder fest, dass sich Menschen lebendig fühlen, wenn sie sich selbst begegnen, sich nicht äußerlich im Spiegel betrachten, sondern von innen heraus und ein Gefühl dafür bekommen, wer sie sind. Sie können es oft nicht sofort in Worte fassen und doch ahnen sie es, sind neugierig auf sich selbst.

Eine Biografie ist viel mehr als die bloße Aneinanderreihung einzelner Ereignisse. Das wäre zu langweilig und würde dem einzelnen Menschen auch nicht entsprechen. Die Biographie eines Menschen ist nichts Statisches, was man einfach abrufen kann. Sie ist flexibel und wandelbar. Die Biographie ist eine Gestalt, die sich aus all den Möglichkeiten, die uns das Schicksal bietet, ergibt. Je nachdem, welche Möglichkeiten wir zu den unterschiedlichen Zeitpunkten und in Situationen ergreifen, nimmt die Biographie eine andere Gestalt an. Damit sind wir zwar ein Stück weit in unser Schicksal gestellt und doch entscheiden wir jeden Tag aufs Neue mit unserem freien Willen, welche der gebotenen Möglichkeiten wir annehmen und welche nicht. Das Schicksal bietet uns auch zweimal, dreimal viermal Möglichkeiten zu einem Thema an. Wenn wir die Möglichkeiten jedes Mal verstreichen lassen, zieht sich das Schicksal irgendwann zurück – und wir haben vorerst eine Chance für Entwicklung verpasst. Doch gibt es zu späteren Zeitpunkten neue Chancen.

Ein Beispiel:

Es hat eine Weile gedauert, bis ich mich entschied, das folgende Beispiel zu erzählen, denn es ist ein sehr persönliches, weil familiäres Beispiel. Doch es bringt für mich das auf den Punkt, was ich gerade mit dem vorläufigen Rückzug des Schicksals beschrieb.

Es geht in dem Beispiel um meine Mutter. Ich habe selten jemanden kennengelernt, der so hartnäckig gekämpft, ausgehalten, durchgehalten und eingesteckt hat wie sie. Meine Mutter wurde 1927 geboren und ist 93 Jahre alt geworden. Dass sie so alt werden würde, hätte niemand gedacht, weil sie im Laufe ihres Lebens diverse Krebserkrankungen und andere schwere Erkrankungen ertragen hat. Gleichzeitig hat sie immer in der gemeinsamen Firma zusammen mit meinem Vater gearbeitet und so gut es ihr möglich war, sich um meine Brüder und mich gekümmert.

Sie hat nie aufgegeben – das war niemals eine Option für sie und dafür bewundere ich sie. Doch ich hätte ihr so manches Mal, besonders im Rückblick und mit Abstand, an manchen Punkten ein anderes Leben gewünscht. Ein selbstbestimmteres, freieres, ihrer natürlichen Kreativität entsprechendes Leben. Sie war eingebunden in eine Zeit, in der Frauen noch nicht selbstverständlich den eigenen Weg wählten, sie hat sich immer wieder angepasst. Lange war mir das als Tochter gar nicht so bewusst, meine Mutter war eben meine Mutter und sie war wie sie war. Sicher hat ihr das Schicksal auch immer wieder Möglichkeiten geboten, etwas im Leben zu verändern und sei es in Folge einer ihrer Krankheiten, doch diese Möglichkeiten hat sie nicht als Möglichkeit angesehen.

Bis mit 88 Jahren ein folgenschwerer Einschnitt in ihr Leben prallte. Sie stürzte und erlitt einen Oberschenkelhalsbruch, was bekanntermaßen gerade in einem so hohen Alter oft in eine Abwärtsspirale des Lebens führt. Doch bei ihr kam es ganz anders. Nach dem Krankenhausaufenthalt und der Reha kam sie zur Kurzzeitpflege in ein Altersheim. Bisher hatten meine Eltern noch beide in ihrem Haus gewohnt und sich weitestgehend selbst versorgt. Doch das ging auf einmal nicht mehr und es war schnell klar, dass meine Mutter nicht mehr nach Hause kommen kann, sondern im Altersheim wird bleiben müssen. Das, was zu Beginn wie ein schwerer Schicksalsschlag aussah, erwies sich als ungeahnte Möglichkeit, auch in einem so fortgeschrittenen Alter noch das Ruder zu drehen und ein zwar eingeschränktes, jedoch selbstbestimmtes Leben zu führen. Meine Mutter gehörte zu den wohl eher wenigen Menschen, die im Altersheim aufgeblüht sind. Sie musste nicht mehr kochen, sich um nichts im Haushalt kümmern, was ihr mit der Zeit zu Hause auch immer schwerer fiel als sie es sich eingestehen konnte. Sie nahm nun im Altersheim regelmäßig an unterschiedlichen Angeboten teil, hat wunderschöne kreative Aquarellbilder gemalt und sich das erste Mal im Leben die Fingernägel lackieren lassen. Ich sehe noch ihren vergnügten Gesichtsausdruck dabei. Und obwohl sie zusätzlich später durch ihre Parkinson-Krankheit auf den Rollstuhl angewiesen war und schließlich auch erblindete, habe ich meine Mutter in dieser Zeit als zufrieden, dankbar und selbstbestimmt erlebt. Sie tat nur noch das, was sie wollte, auch wenn es in einem immer kleineren Rahmen möglich war. Mein Eindruck war, dass sie sich nicht „dem Schicksal hingegeben" hat, sondern die Möglichkeit erkannt und zugegriffen hat, etwas Eigenes aus ihrem Leben zu machen, auf ihre ganz persönliche Art. Davor ziehe ich tief den Hut.

Sinnzusammenhänge
Wenn wir es schaffen, uns nicht vor uns selbst wegzudrehen, werden aus Möglichkeiten Handlungen und aus den Handlungen die Gestalt unserer Biographie. Wenn wir dann mit etwas Abstand auf unser Leben schauen, lassen sich aus der übergeordneten Ebene Sinnzusammenhänge entdecken, die man, solange man sich mittendrin befindet, nicht sehen kann. Die Sinnzusammenhänge können Muster aufweisen, mit denen wir uns gern selbst im Weg stehen. Sie können aber auch Potenziale aufdecken und Fähigkeiten ans Licht bringen, mit denen wir es geschafft haben, krisenhafte Situationen im Leben zu meistern. Diese Fähigkeiten sind uns oft gar nicht bewusst, aber wenn sie es werden, können sie eine kraftvolle Quelle für

das Meistern weiterer Herausforderungen im Leben sein und maßgeblich zur Selbstermächtigung beitragen.

Ringen oder vom Strom anziehen lassen
Um unsere Lebensthemen anzugehen und umzusetzen, werden wir mit den unterschiedlichsten Situationen konfrontiert. Und obwohl ich ein großer Verfechter davon bin, dass das Leben leicht sein darf, ist es doch immer auch wieder meine Erfahrung, dass so manche Themen, oft auch gegen Widerstände, errungen werden müssen. Lange habe ich nicht verstanden, warum das so ist und ob das wirklich so sein muss. Mittlerweile bin ich zu dem Schluss gekommen, dass es Teil unseres menschlichen Daseins ist. Dass es trotz Schmerz und Leiden oft weiter bequemer bleibt, am Alten festzuhalten als loszulassen und sich auf den Weg ins vorerst Unbekannte aufzumachen. Da hat man dann doch lieber den „Spatz in der Hand" als die „Taube auf dem Dach". Da siegt das Bekannte über das Ungewisse oder auch die Bequemlichkeit über das Aufraffen. Das Ringen ist also in aller Regel innerlich und nur selten wirklich äußerlich. Das zu verstehen, hat es mir leichter gemacht damit umzugehen, denn mit dieser Sicht fühle ich mich nicht mehr ausgeliefert, sondern weiß, dass es einzig an mir liegt, zu handeln, um mich besser zu fühlen, um durch das Nadelöhr zu gehen.

Ein Beispiel:
Eine Klientin kommt zu mir, weil sie unzufrieden mit ihrem Leben ist und fühlt, dass „es da doch noch mehr geben muss".

Schnell kristallisiert sich heraus, dass sie in ihrem Arbeitsumfeld zwar gut verdient und es angenehm ist, sich mit dem Namen eines angesehenen Unternehmens zu schmücken, dass sie aber an sich unglücklich mit der Tätigkeit, dem Vorgesetzten und teilweise den Kollegen ist. Schon lange denkt sie, dass sie gern etwas anderes machen würde. Sie hat auch ein paar Ideen, verwirft sie aber sofort wieder. Denn wenn sie die Ideen weiterverfolgen würde, müsste sie sich aus ihrer zwar unglücklichen, aber dennoch über Jahre eingerichteten Komfortzone der vermeintlichen Sicherheit herausbewegen. Sie kann sich nicht entscheiden.

Sie ringt über ein Jahr mit sich, dreht sich im Kreis, wagt aber schließlich mit Mitte 50 den Sprung ins neue Wasser. Und dennoch blickt sie nicht nur nach vorn, auch zurück, zweifelt manchmal an ihrer Entscheidung. Denn in dem neuen Umfeld muss sie erst ihren Patz finden, ihn selbst und aus sich heraus gestalten und herausfinden, was ihr dort wirklich wichtig ist. Auch das ist ein Prozess. Er hat Monate gedauert. Doch wenn ich sie heute treffe, sehe ich, wie sehr sie an dieser Entscheidung und den Schritten danach gewachsen ist. Sie hat diese Schritte für *sich* getan, nicht für andere und sie ist zurecht stolz darauf, dass sie den Mut hatte, durch dieses langanhaltende Nadelöhr hindurchzugehen und als selbstbestimmtere zufriedenere Frau auf der anderen Seite wieder herauszukommen.

Mut mit 42-49 Jahren

„Wer bin ich eigentlich wirklich?
Ich merke, dass Sicherheit mehr aus meinem Inneren kommt als von außen, dadurch wird alles freier, ich blicke entspannter und mit mehr Abstand auf Situationen.

Es ist nicht mehr das Materielle oder der Status wichtig, sondern vielmehr die Frage:
„Was ist der Sinn? Was kann ich bewegen?“
Mein Horizont erweitert sich, ich bin neugierig auf die Welt.
Ich habe Lust, mutig Entscheidungen zu treffen.

Was steht an?

Das Folgende MÖCHTE ich:

- ✓ Ich möchte beruflich nur noch das machen, was mich wirklich interessiert!
- ✓ Ich möchte mir genug Zeit nehmen für Freunde und Familie!
- ✓ Ich möchte mein Leben wieder als „leicht“ erleben!
- ✓ Ich möchte wieder anknüpfen an meinen Lebensmut, den ich in der Kindheit hatte!
- ✓ Ich möchte mich vollständig selbst annehmen
- ✓ Ich möchte authentisch und einfach ich selbst sein
- ✓ Ich möchte selbst die Regie in meinem Leben übernehmen!

Und diese FRAGEN habe ich:

- Wie kann ich besser akzeptieren, dass ich manche Sachen in meinem Leben nicht mehr rückgängig machen kann?
- Wie kann ich besser die Eigenverantwortung für meine körperliche und seelische Gesundheit übernehmen?
- Wie kann ich meine Lebensaufgabe ergreifen und verwirklichen?
- Warum holt mich meine Vergangenheit an manchen Punkten immer wieder ein?
- Wieso hatte ich diese Krise? Wodurch wurde sie verursacht?
- Bin ich auf dem Weg zu mir selbst? Mit all meinen Fehlern, Ängsten und negativen Gefühlen?
- Hat sich meine Beziehung zu meinem Partner verändert?
- In welchem Verhältnis stehe ich zu meinem Kind/meinen Kindern? Sollen sie meine Erwartungen erfüllen?
- Werde ich als Gesprächspartner von jüngeren Menschen geschätzt?

An welchem Punkt stehen wir im Alter von 42 Jahren? Es liegt schon eine Menge Leben hinter uns. Wir sind nach der Schule irgendwann zu Hause ausgezogen und haben angefangen, uns unser eigenes Leben einzurichten. Wir haben eine Ausbildung gemacht oder studiert, haben in dieser Zeit vielleicht Freunde gefunden, die bis heute enge Vertraute sind, selbst wenn wir sie nicht mehr so oft sehen. Wir haben einen festen Partner gefunden oder haben bereits mehrere längere Beziehungen hinter uns, haben Kinder oder auch nicht, haben das gemacht, was man klassisch Karriere nennt oder auch nicht. Wir haben unser Leben organisiert, uns im Leben eingerichtet, Materielles stand in den letzten Jahren viel im Vordergrund. Haus, Wohnung, Auto, Reisen, Wohnungseinrichtung und was einem noch so an materiellen Dingen einfällt.

Vielleicht haben wir auch in letzter Zeit bemerkt, dass wir mit unserem Partner eher nebeneinander als miteinander leben. Dass wir uns fragen:

- Wie geht es mir mit *mir*?
- Will ich noch weiter Karriere machen?
- Was soll denn jetzt noch kommen?
- Weiter so bis zur Rente?
- Was ist meine Aufgabe im Leben, was ist mein Beitrag?
- Was macht mich wirklich aus?

Es sind oft Fragen nach dem Sinn im Leben und sie führen nicht selten zu Wendepunkten, Neuorientierung, beruflich wie auch privat. Mit diesen Vorzeichen starten wir also vielfach in das Jahrsiebt von 42 – 49 Jahren.

Was sind die Lebensthemen, die in diesem Abschnitt auf uns warten?

Die Überschrift über allem lautet: AUTHENTIZITÄT! Das, was sich in den Jahren davor schon immer mehr abgezeichnet hat, kommt nun voll zum Tragen: es geht darum, echt zu sein, Ich zu sein. Damit das gut gelingen kann, passt folgender Untertitel ganz wunderbar zur Überschrift: SELBSTANNAHME! Das sind die beiden Begriffe, die sich wie ein roter Faden durch

dieses Jahrsiebt ziehen und die das Leben in dieser Zeit maßgeblich beeinflussen, auch wenn es nicht immer sofort ersichtlich ist.

Authentizität

> *„Hütet euch vor den Geschulten und Trainierten,*
> *die nach dem Einnehmen von Kreide mit*
> *heller, angenehmer Stimme zu euch sprechen,*
> *aber inwendig doch Wölfe geblieben sind!*
> *Authentizität auf dieser Ebene erweist sich dort,*
> *wo mein Reden durch mein Sein beglaubigt wird.“*
> F. Schulz von Thun

Was ist Authentizität?

Vor vielen Jahren habe ich bei der Organisation familyLab eine
Ausbildung zur Seminarleiterin gemacht. Gegründet wurde
diese Organisation ursprünglich von dem dänischen Familien-
therapeuten Jesper Juul und Matthias Voelchert, der die Organisation bis vor Kurzem noch verantwortet hat. Jesper Juul hat
für mich den Begriff der Authentizität maßgeblich geprägt.
Er unterscheidet zwischen einem ‚Früher‘ und einem ‚Heute‘,
was ich an einem konkreten eigenen Beispiel veranschaulichen
möchte. Seit ein paar Jahren bin ich einmal pro Semester an der
Hochschule für Wirtschaft und Recht in Berlin als Dozentin tätig. Vier Tage am Stück arbeite ich mit Studierenden an deren
persönlicher Entwicklung. Wenn ich nun an die Anfänge dieser
Tätigkeit denke, so war es zu Beginn noch so, dass die Rolle im

Vordergrund stand und ich, zumindest bis zu einem gewissen Grad, allein durch meine Rolle als Dozentin als Autorität anerkannt war. Die Frage war damals: *Was* bin ich?

Heute sieht das ganz anders aus. Nur weil ich eine gewisse Rolle innehabe, bin ich noch lange nicht als Autorität anerkannt. Es geht heute viel um die Frage: *Wer* bin ich? Es geht darum, echt und greifbar zu sein und sich nicht hinter einer Maske bzw. Rolle zu verstecken. Studierende merken das sofort und fangen an, mich zu hinterfragen. Das tun sie nicht aus Böswilligkeit, sondern weil sie intuitiv wissen wollen, wer sich hinter dieser Maske verbirgt. Ich muss also das „Wer bin ich und wofür stehe ich?" beantworten können und leben, sonst habe ich vor den Studierenden schlechte Karten und fange an zu schlingern.

Ohne Authentizität entsteht keine Beziehung. Wenn man sich das bildlich vor Augen hält, leuchtet es schnell ein. Eine Maske ist eine Schicht zwischen mir und anderen, eine Fassade - und mit einer Fassade lässt sich schlecht eine Beziehung eingehen. Darum hinterfragen einen die Studierenden und darum ‚nerven' kleine Kinder, wenn sie merken, dass wir nicht authentisch sind. Sie wollen einfach wissen, wer wir sind, damit sie sich auf uns beziehen können. Es ist ein Trugschluss zu glauben, dass einem eine Fassade Sicherheit gibt. Wir haben Angst, uns verletzlich zu zeigen, weil wir meinen, dass wir uns damit angreifbar machen. Diese Angst besteht aber nur dann, wenn wir nicht wirklich wissen, wofür wir stehen und wer wir sind. Wenn wir jedoch dafür ein gutes Gespür haben, dann sind wir nicht angreifbar, sondern einfach greifbar. Dann kann uns nichts erschüttern, weil wir unser eigener Fels in der Brandung sind. Wir sind dann frei und lebendig statt ängstlich und starr.

Um einen Eindruck von deiner Authentizität zu erhalten, kannst du dir die folgenden Fragen stellen:

- In welchen Situationen habe ich im privaten/beruflichen Kontext Authentizität besonders leben können und wie hat sich das auf mein Umfeld ausgewirkt?

  Welcher Kontext war das?

  Wann fällt mir Authentizität leicht und wann schwer?

- In welchen Situationen habe ich Verletzlichkeit gezeigt und als Stärke empfunden?

  Wie hat mein Umfeld darauf reagiert?

  Welcher Kontext war das? Wann fällt mir Verletzlichkeit leicht und wann schwer?

- Wie machen sich der Wunsch nach Authentizität und Selbstannahme bemerkbar?

Warum sind die Themen Authentizität und Selbstannahme gerade in diesem Lebensabschnitt so wichtig?
Eine ganz simple Antwort darauf ist: Ein Fisch wird kein Elefant. Wenn wir ein Fisch sind, gehören wir ins Wasser und

haben hierfür ausgezeichnete Fähigkeiten. Aber ein Fisch im indischen Gras- und Buschland wird nicht lange überleben, egal wie sehr er es möchte. Ein Elefant kann zwar schwimmen, aber für ein reines Leben im Wasser ist er einfach nicht geschaffen.

Es geht also darum, dass ich aufhöre, jemand anders sein zu wollen. Dass ich mir meiner eigenen Fähigkeiten und dessen, was ich nicht so gut kann, bewusst bin. Dass ich ehrlich zu mir bin und die Verantwortung für mich und meine Möglichkeiten übernehme.

Im Alter von 21-28 Jahren war es noch richtig und hilfreich, sich in den unterschiedlichsten Rollen zu erleben und Erfahrungen damit zu sammeln. Doch jetzt ist es angebracht, sich aus den unterschiedlichsten Rollen immer mehr zu lösen, hin zur reifen Persönlichkeit, die in jeder Rolle einfach sie selbst ist.

Wir können unserer Herkunft nicht ausweichen. Gerade in diesem Lebensabschnitt kommen all die kleinen und auch großen Themen aus der Zeit von 0-7 Jahren wieder hoch und wollen angeschaut und transformiert werden. Es sind Prägungen, die uns unbewusst schon ein Leben lang begleiten, mit denen wir uns oft selbst im Weg stehen, die uns auf unserem ganz eigenen Weg hindern. Sie waren uns meist bisher nicht bewusst, doch nun klopfen sie mit Nachdruck an die Tür. Es ist so, als würden sie aus dem Keller hochkommen und von unten gegen die Luke klopfen. Dann gibt es zwei Möglichkeiten: Ich stelle einen Schrank auf die Luke und versuche das Klopfen nicht zu hören. Oder aber ich öffne die Luke und schaue mir an, was da hochkommen will.

Das Phänomen dabei ist, dass es sich bei diesen Themen vielfach um „Tur Tur – Themen" handelt. Tur Tur ist der Scheinriese aus der „Unendlichen Geschichte" von Michael Ende. Wir merken, dass da Themen sind, die wir uns anschauen sollten. Doch wir können sie noch nicht richtig greifen und vor lauter Angst, dass sich dann alles im Leben verändert oder wir etwas Schlimmes entdecken könnten, werden diese Themen immer größer. Aber eben nur scheinbar größer. Denn so wie Herr Tur Tur immer kleiner wird, je näher er an einen herankommt, so werden die Themen, die nach oben kommen und angeschaut werden wollen, kleiner und sind meist gar nicht so furchtbar wie befürchtet. Ganz im Gegenteil. Nehmen wir nochmal Herrn Tur Tur als Beispiel: Er ist ein friedlicher, empathischer, hilfsbereiter, manchmal einsamer Herr, der nichts dafür kann, dass sich andere wegen seiner scheinbaren Größe vor ihm fürchten. So ist es auch mit den Themen, inneren Blockaden und Mustern, die nach oben kommen und sich in unser Leben drängen. Indem wir uns mit ihnen auseinandersetzen, helfen sie uns, uns selbst besser zu verstehen und annehmen zu können. Mitgefühl mit uns zu haben, Muster und Blockaden aufzulösen und damit den Weg frei hin zu uns selbst zu machen. Wenn wir den Mut haben, hinzuschauen, spricht unserer Seele mit uns. Auch sie fühlt sich manchmal einsam und wartet darauf, dass wir uns zuwenden und hören, was sie uns sagen möchte.

Und: In unserem größten Leid liegt unser größtes Potenzial. Das, was als Erlebtes im ersten Moment schmerzhaft sein mag, ist jedoch oft Grundlage für unser Potenzial, welches sich – vielleicht auch erst viele Jahre später – zeigen wird.

Ein Beispiel aus meinem eigenen Leben mag dies verdeutlichen: Meine Eltern hatten in der Kleinstadt in Nordfriesland, wo ich gemeinsam mit meinen beiden älteren Brüdern aufgewachsen bin, einen eigenen Betrieb. Dieser Betrieb stand immer an erster Stelle, solange ich denken kann. Als ich elf Jahre alt war, ist meine Mutter das erste Mal an Krebs erkrankt und es sollten viele weitere Krebserkrankungen folgen. So standen während meiner Kindheit und Jugendzeit der Betrieb und notgedrungen meine Mutter immer im Mittelpunkt, zumal die Prognosen bei Krebserkrankungen Mitte der 1970er Jahre sicher noch anders aussahen als heute. Bei mir setzte sich unbewusst die Überzeugung fest: Ich bin nicht wichtig. Nimm dich zurück, bleib im Hintergrund. Mit dieser Überzeugung habe ich mir manchmal im Leben selbst im Weg gestanden, doch die Überzeugung hatte auch etwas Positives. Als Erwachsene, mit Anfang 40, habe ich die berufsbegleitende Ausbildung zur Wirtschaftsmediatorin abgeschlossen, die bis heute ein Standbein meiner freiberuflichen Tätigkeit ausmacht. Das, was als Mediatorin absolut essenziell ist und was manchen doch schwerfällt, ist, sich in der Mediation ganz zurückzunehmen, den Raum für andere zu schaffen und zu halten. Gut zu beobachten, doch sich als Person komplett herauszunehmen. Genau das ist nicht nur keine Hürde für mich, sondern Teil meiner

Kompetenzen, über die ich keine Sekunde nachdenken muss. So ist aus dem, was erst einmal schmerzhaft war, etwas sehr Hilfreiches geworden, was ich heute sehr zu schätzen weiß. Diese Erkenntnis ist Teil meines Selbstannahmeprozesses geworden.

Es geht in diesen Jahren darum, sich mit den eigenen, auch schmerzlichen Seiten auseinanderzusetzen, also mit all dem, was ich nicht an mir mag. Und damit es dabei nicht so schwer wird, hilft eine Prise Humor sehr gut. Er ist ein ganz wunderbarer Unterstützer, wenn es darum geht, keine Angst mehr zu haben, das Gesicht zu verlieren. Und so schließt sich hier der Kreis: wenn ich auch mal über mich selbst lachen kann und mir humorvoll das anschauen kann, was ich nicht an mir mag, dann öffne ich mich, erfahre mehr über mich, werde verletzlich und gleichzeitig stärker und greifbar. Ich muss mich hinter nichts mehr verstecken und kann authentisch sein.

Die Jahre 42-49 sind kraftvolle, energiegeladene Jahre, sie haben etwas positiv energiegeladenes Kämpferisches. Wir muten uns zu, sind voller Tatkraft, Durchhaltewillen und Durchsetzungsvermögen. Wir verfolgen Ziele gern auch gegen Widerstand und pflegen häufig einen essayistischen Lebensstil – gern mal Neues ausprobieren, Erfahrungen damit sammeln, Schlüsse daraus ziehen, das Nächste ausprobieren und sich daran weiterentwickeln.

Was steht mir im Weg?

„Äußere Krisen bedeuten die große Chance, sich zu besinnen."
Viktor Frankl

Kennst Du das? Alles in dir will nach vorn, den eigenen Weg gehen, loslegen, sich entfalten. Und gleichzeitig ist es so, dass du die Handbremse angezogen hast, du mit viel Energie nach vorn willst und zugleich gefühlt stehen bleibst.

Es ist oft die eigene Kraft, mit der wir uns im Weg stehen. Statt sie zu nutzen, um mutig auf die eigenen Themen zu schauen und an ihnen zu wachsen, richten wir sie gegen uns bzw. versuchen mit aller Kraft, wegzusehen und bei dem zu bleiben, was wir bereits kennen. Wir versuchen, alles über den Kopf zu regeln und verlieren dabei die eigene Intuition aus dem Blick. Damit geht das Vertrauen in uns selbst und die innere Orientierung vorübergehend verloren. Dann werden wir unehrlich uns selbst gegenüber, merken es aber oft nicht bzw. verdrängen es sofort.

Um es etwas krasser auszudrücken: Solange es bequemer ist, die selbst zugefügten Hindernisse zu ertragen, bewegen wir uns nicht. Erst wenn es nicht mehr anders geht, wir die Schmerzen, physisch oder seelisch, nicht mehr ignorieren oder wegdrücken können, ist häufig der Punkt erreicht, an dem wir erkennen: So geht es nicht mehr, ich muss etwas tun und verändern!

Ich kenne das aus meinem eigenen Leben. Heute verstehe ich, dass mein Körper mir über physische Symptome wie

Bandscheibenvorfall oder ausgeprägtem Eisenmangel Hilferufe entgegengeworfen und gespiegelt hat, wie ich mit mir selbst umgehe.

Wie noch kann es sich äußern, wenn ich in diesen Jahren nicht auf meine innere Stimme höre, unehrlich mir selbst gegenüber bin? Über welche vielfältigen Blüten zeigt sich mangelnde Selbstannahme? Hier ein paar Beispiele:

Sich selbst klein halten

- Es fällt dir schwer, zur eigenen Größe zu stehen, sie überhaupt zu erkennen
- Nur wenn es vorher für dich anstrengend ist, ist es wertvoll für die anderen. Du musst es dir „verdienen".
- Du entsprichst den Erwartungen anderer, passt dich an, willst gefallen

Resignieren

- Du gibst anderen die Macht über dich
- Im selbstgemachten Gefängnis der eigenen Gewohnheiten sitzen bleiben, obwohl die Tür nach außen offen ist

Opferhaltung

- Andere sollen dir Antworten geben und deine Probleme lösen: Ausbilder, Heiler, Lehrer, Freunde etc.
- Unsicherheit
- Erwartungen an andere haben und sich damit abhängig machen
- Selbstmitleid als ewiger Joker

<u>Vermeintliche Sicherheit</u>

- Funktionieren statt fühlen
- Härte sich selbst und anderen gegenüber
- Immer stark sein wollen, den Schein wahren
- Kontrolle über sich und andere haben wollen und sich damit selbst einengen
- Beherrscht oder gleichgültig sein

All diese Mechanismen haben etwas Erstarrtes, auch wenn sie vordergründig einen scheinbaren Vorteil haben – man muss nicht hinschauen, sich nicht (unbequem) auf den Weg machen, sondern man kann in der vertrauten Komfortzone bleiben.

Gerald Hüther hat die Erklärung für dieses Phänomen lebensnah beschrieben: Unser Gehirn ist darauf ausgelegt, möglichst energiesparend zu funktionieren. Zum Beispiel gerate ich in einen Konflikt mit einer Kollegin und die Situation ist unangenehm für mich. Mein Gehirn gleicht nun die Situation mit meinen verankerten Überzeugungen und Vorstellungen ab und kommt zu dem Schluss: da passt etwas nicht zusammen – und das löst Stress aus, mein Gehirn verbraucht mehr Energie und gerät in einen Zustand der Inkohärenz. Es setzt jetzt alles daran, möglichst schnell Energieverbrauch und Komplexität der Situation zu reduzieren. Das ist an sich schlau, nur führt es eben gern zu jenen Verhaltensweisen, die ich oben beschrieben habe. Unser Gehirn will so schnell wie möglich wieder in den Zustand der Kohärenz kommen – einen Zustand, in dem möglichst alles gut und reibungslos zusammenpasst.

Und dabei gaukelt es sich vor, dass gut und reibungslos auch bedeuten kann: Verdrängung, Abspaltung, Weghören, Wegschauen, Verleugnen, um nur einige Strategien zu nennen, die es zur Selbstberuhigung und damit zur Reduzierung des Energieverbrauchs gibt.

Wir haben in für uns konfliktreichen Situationen die Wahl: entweder wir belügen uns selbst und greifen auf eine der Selbstberuhigungsstrategien zurück – oder wir entscheiden uns, etwas Neues lernen zu wollen, erweitern damit unser Spektrum und verringern unsere Schwelle, in einen inkohärenten Zustand zu kippen. Andersherum formuliert: Wer nicht immer wieder mit Herausforderungen konfrontiert wird, durch den der Zustand der Kohärenz durchgerüttelt wird, kann nichts Neues hinzulernen oder sich weiterentwickeln.

Mut mit 49-56 Jahren

„Grundsätzlich fühle ich mich stimmig – habe ein gutes Gefühl für mich". Es macht sich eine unaufgeregte Selbstlosigkeit in mir breit, ich möchte mich zur Verfügung stellen – einer Aufgabe, einer Menschengruppe, einem Ziel. Dabei geht es mir nicht um Selbstverwirklichung, es zielt über das Persönliche hinaus. Ich spiegele mich in diesem Tun, stelle dabei manchmal jedoch mein Licht unter den berühmten „Scheffel".

Was steht an?

Das Folgende MÖCHTE ich:

✓ Ich möchte zu meinen früheren Entscheidungen besser stehen können!
✓ Ich möchte ein besseres Gefühl dafür entwickeln, wann ich mich zurückhalte und wann ich die Initiative ergreife und mich einmische.
✓ Ich möchte *meinen* Lebensrhythmus und *meine* Gewohnheiten weiterentwickeln.
✓ Statt mich wie früher mehr auf das körperliche zu fokussieren, möchte ich nun meine geistigen Potentiale besser einbringen.
✓ Als Frau: Wie kann ich die freiwerdenden Kräfte nach den Wechseljahren gut einbringen? Wo geht es jetzt hin?
✓ Ich möchte nur noch mit den Menschen zusammen sein, die mir guttun! D. h. ich muss ggfs. auch ein paar alte Äste abschneiden!

Und diese FRAGEN habe ich:

- Wie kann ich besser akzeptieren, dass ich manche Sachen in meinem Leben verbockt habe – auch gegenüber meinen Kindern und meinem Partner?
- Wie kann ich beruflich zu einem Fels in der Brandung werden – und nicht zum Klotz am Bein?
- Wie kann ich mit Mitte 50 nochmal richtig durchstarten?
- Wie werde ich zu einer echten Führungspersönlichkeit für mein Leben?
- Wie finde ich einen guten Umgang mit den körperlichen Veränderungen?
- Welche schlummernden Fähigkeiten hatte ich schon immer, die ich nun auch gern wieder herausholen möchte?
- Wie kann ich meine Kinder loslassen, sie ihren Weg gehen lassen und sie dabei positiv unterstützen?

Wie starte ich in dieses neue Jahrsiebt? Im Jahrsiebt von 42-49 Jahren standen die Themen Selbstannahme, Authentizität und eine spielerisch kämpferische Tatkraft im Vordergrund. Sie sind Teil unseres Weges zur Selbstverwirklichung, auf dem es nun in großen Schritten weitergeht.

Eine passende Überschrift für den Abschnitt 49-56 Jahre ist „*Neue* Führungskraft". Es ist eine andere Führungsqualität als mit Anfang 30. Während der Zeit mit Anfang 30 stand der Verstand ganz stark im Vordergrund, gepaart mit einer sehr hohen Belastbarkeit und ausgeprägtem Organisationsvermögen.

Es war die Zeit, in der wir uns beweisen wollen, in Konkurrenz mit anderen stehen und nach dem Motto leben „Alles ist machbar. Ich muss es nur machen!"

Jetzt, mit Anfang 50, kommen durch die Art der Führung und Selbstführung weitere Schritte auf dem Weg zur Selbstverwirklichung zur Geltung. Wenn ich mich in den Jahren zuvor meinen eigenen Schatten und alten Mustern gestellt und sie angeschaut habe, beginnt nun eine Phase in auch für andere deutlich wahrnehmbarer Gelassenheit. Hinzu kommt eine neue Form der Sachlichkeit im Umgang mit anderen, ein strategisches und diplomatisches Agieren, gepaart mit Demut. Diese innere Gelassenheit führt zu mehr Weitblick und einem Denken ohne Geländer. Das ist möglich, weil ich jetzt nicht nur – wie im Jahrsiebt davor – keine Angst mehr habe, das Gesicht zu *verlieren* – sondern ich kann auch dem anderen sein Gesicht *lassen*. Es geht zunehmend weniger um mich, sondern mehr um Delegation und Vernetzung im Umgang mit anderen. Auch das macht die neue Sachlichkeit aus, dass es weniger um Eigeninteressen, sondern mehr um das Einsetzen für die Sache geht.

Für was bin ich verantwortlich – und für was nicht?

Mittlerweile liegt schon ein halbes Leben hinter mir und ich habe in dieser Zeit sehr viele Entscheidungen getroffen. Viel davon würde ich genauso wieder entscheiden, manche Entscheidung vielleicht auch nicht. Oft habe ich mich so verhalten wie es mir entspricht, manchmal vielleicht auch nicht. Wie habe ich mich Kindern, Partner, Freunden, der Familie gegenüber verhalten? Bereue ich etwas?

Es kann sein, dass ich verpassten Chancen oder Lebensabschnitten hinterhertrauere. Zum Beispiel hatte ich eine Klientin, die es zutiefst bedauert, während ihrer Jugendzeit nicht unvernünftiger gewesen zu sein, mehr über die Stränge geschlagen zu haben. Sie hatte sich angepasst, hat sich meist besonnen verhalten, während ihre ältere Schwester die Teenagerzeit mit allen haarsträubenden Unvernünftigkeiten ausgelebt hat. Das hat für eine Menge Wirbel und Streit in der Familie gesorgt und irgendetwas in meiner Klientin glaubte, dass sie das ausgleichen müsste. Außerdem wollte sie nicht so unkontrolliert emotional sein. Es hat ihr Angst bereitet und so versuchte sie stattdessen, ihr Leben schon in diesen jungen Jahren unter Kontrolle zu haben. Das bereut sie heute und sie erzählte mir, dass sie Jugendliche heute manchmal abstoßend findet. Doch dahinter verbirgt sich - das hat sie auch für sich erkannt - der Neid auf andere und das Bedauern darüber, dass diese Jugendlichen das ausleben, was sie sich nicht getraut hatte. Sie kann sich nun ewig selbst für diese verpasste Zeit bedauern. Das bindet viel Energie und zieht einen spiralförmig nach unten. Oder sie akzeptiert, dass es damals so war wie es war und fragt sich, was sie heute daraus lernen kann und was sie in ihrem heutigen Leben anders machen will.

Gerade auch in Bezug auf das, was wir unseren Kindern mitgegeben haben, kommen in dieser Zeit häufig Selbstvorwürfe hoch. Welche Steine haben wir ihnen durch unser Verhalten, unsere Einstellungen, unsere Worte in den Weg gelegt?

Ich kann diese Situationen nicht rückgängig machen, ich kann nur die Verantwortung für sie übernehmen. Und mich auch bei anderen nach vielen Jahren für mein Verhalten entschuldigen. Im Laufe der Zeit habe ich mich für so manches bei meinen Kindern entschuldigt. Damit mache ich eine Situation nicht ungeschehen, doch ich signalisiere, dass ich mich mit der Situation nachträglich auseinandergesetzt habe und weiß, dass ich heute anders agieren würde. Dass ich heute sehen kann, dass ich mich falsch verhalten habe. Unsere Töchter haben mir schon mehrfach gespiegelt, dass sie das als sehr wertschätzend erleben und sich dadurch gesehen fühlen. Es ist heilsam für beide Seiten.
Doch es gibt auch so manches, wofür ich *nicht* die Verantwortung übernehmen muss, sondern sie anderen überlassen sollte. Auch das ist in dieser Zeit eine wichtige Erfahrung und Erkenntnis.

Es geht in diesen Jahren immer wieder darum, mit den Konsequenzen der eigenen Entscheidungen zu leben. Es ist eine Schicksalsakzeptanz. Dinge waren, wie sie eben waren – ich übernehme die Verantwortung dafür oder ich grenze mich entsprechend ab. So kann ich innerlich ruhig werden und meine Energie nutzen, um nach vorn zu schauen und zu gestalten, statt den Blick zermürbend nach hinten zu richten.

Den eigenen Rhythmus finden

Was sich im Jahrsiebt von 42-49 schon andeutete, wird nun immer offensichtlicher: die physischen Kräfte nehmen ab, ob es einem nun passt oder nicht. Während ich mich früher einfach über zu wenig Schlaf, zu lange Nächte und zu wenig Erholungszeit am Wochenende mit meinem bloßen Willen, zumindest eine ganze Weile, hinwegsetzen konnte, gelingt dies jetzt nicht mehr. Jeden Abend, der für mich zu lang war, spüre ich am nächsten Tag und es dauert länger, bis ich wieder voll in meiner Kraft bin. So geht es nun darum, den ganz eigenen Rhythmus zu finden und zu ihm zu stehen. Ich zum Beispiel war schon immer ein absoluter Frühaufsteher und entsprechend abends auch früher müde als Nachtigallen. So ist es heute mein persönlicher Rhythmus, gegen 5:30 Uhr aufzustehen und bis 22:00 Uhr im Bett zu sein. Das halte ich nicht immer ein und es scheint auch gesellschaftlich anerkannter zu sein, lange aufzubleiben, statt sehr früh aufzustehen. Doch wenn ich diesen Rhythmus lebe, geht es mir am besten. Das umzusetzen, ist ein weiterer Baustein zum Thema Selbstfürsorge und der Einstellung, sich frei von den Ansichten anderer zu bewegen.

Freiwerdende Kräfte bündeln

Ein weiterer physischer Aspekt sind die Wechseljahre, die auch in diesen Abschnitt fallen. Sicher ein Thema für sich, das ich an dieser Stelle nicht vertiefen werde. Doch eines möchte ich erwähnen: Es wird mit den Wechseljahren viel Energie freigesetzt, die bisher an physische Zwecke gebunden war. Doch diese Energie ist nicht auf einmal weg, sondern sie will sinnvoll genutzt werden. Diese freigewordene Energie kann jetzt für „geistige Kinder" genutzt werden, für neue Projekte und Ideen. Für all das, was noch in uns schlummert und raus in die Welt will. Die Zeit dafür ist jetzt reif und die Energie dafür ist vorhanden.

Der Körper verändert sich, scheinbar geht es bergab – das wäre die negative Sicht auf die Situation. Doch du kannst es auch anders sehen und das empfinden, was auch ansteht: Eine neue Schönheit in dir entdecken. Eine Attraktivität, die von innen herauskommt. Sich auf diese Weise schön zu fühlen, hat etwas sehr Würdevolles. Und es trägt auch dazu bei, diese Jahre in größerer natürlicher Gelassenheit zu gestalten, statt sich über jede Falte im Gesicht zu ärgern.

Partnerschaft neu leben

Auch die Partnerschaften ändern sich vielfach in der Zeit von 49-56. Ohne es verallgemeinern zu wollen, stelle ich doch folgendes Phänomen fest: Während sich in früheren Jahren der eine Partner mehr Zweisamkeit wünscht als der andere, kehrt es sich in diesem Abschnitt um. Derjenige, der sich früher mehr Zeit zu zweit wünschte, entdeckt eine neue Freiheitsliebe und will diese ausleben. Derjenige, der früher gern auch oft etwas allein unternommen hat, liebt nun die Zweisamkeit und größere Nähe. Es sind nach meiner Beobachtung oft die Frauen, die in diesen Jahren einen Drang nach mehr Freiheit spüren und sich neu kennenlernen und ausprobieren wollen.

Insgesamt steht in dieser Zeit über dem Thema Partnerschaft der Begriff „freilassend". Dem anderen Raum und Möglichkeit lassen, sich zu entfalten und sich immer wieder offen neugierig auf den Partner einlassen.

Freunde fürs Leben?

Nicht nur Liebesbeziehungen ändern sich, auch Freundschaften werden in dieser Zeit auf den Prüfstand gestellt.

Kennst du das? Du triffst dich mit einer alten Freundin oder einem alten Freund. Viele Jahre habt ihr euch gut verstanden, euch mehr oder weniger regelmäßig getroffen, die Freundschaft nie hinterfragt. Jetzt sitzt du mit dieser Freundin abends zusammen und du merkst, dass du eigenartig leer und unausgefüllt aus diesem Abend gehst. Dass du müde statt bereichert bist. Dass du Energie gegeben, aber nichts zurückbekommen hast. Es ist meist ein schleichender Prozess, doch irgendwann bist du an dem Punkt, an dem dir auffällt, dass ihr euch auseinanderentwickelt habt, dass auch die gemeinsame Vergangenheit nicht reicht, um heute bereichernde Begegnungen zu haben. Manchmal führt man dann aus Sentimentalität solche Beziehungen noch weiter, auch wenn die Kraft ins Leere läuft und ein schaler Geschmack oder auch unterschwellige Unzufriedenheit nach jedem Treffen bleibt.

Es ist die Zeit, in der wir aufgefordert sind, Beziehungen zu prüfen und uns zu fragen: Warum halte ich an dieser Beziehung fest? Will ich sie noch? Wem tut sie gut? Es ist der Punkt, an dem wir ehrlich zu uns sein sollten. Den Mut haben, etwas zu beenden, was uns nicht mehr guttut. Und gleichzeitig dankbar für die gemeinsame Zeit sein, egal ob es wenige Wochen oder viele Jahre waren.

Was steht mir im Weg?

„Wie oft muss ich denn noch alles hinter mir lassen?" Dieser Satz stammt von mir, ausgesprochen mit einer gehörigen Portion Frust während meiner Ausbildung zum biographischen Coach. Während einer Übung kristallisierte sich heraus, dass eine weitere Veränderung in meinem Leben ansteht. Es war ein Moment der Erkenntnis, ich wusste, dass es stimmt und doch rebellierte alles in mir. Ich wollte lediglich meine Ruhe haben. „Kann denn nicht einfach mal alles so bleiben, wie es ist?" dachte ich. Alles in mir wehrte sich und, es ist nicht besonders schmeichelhaft, doch wahr, ich tat mir selbst einfach nur leid und hätte gern das Mitleid der anderen bekommen. Doch die Ausbilderin sah mich nur strahlend an und sagte: „Sieh es anders, Ina. Veränderungen dürfen Spaß machen!"
Ich hatte zu diesem Zeitpunkt schon sehr viele Veränderungen in meinem Leben hinter mir, doch noch nie zuvor hatte ich die Bedeutung dieses Satzes, dieser Haltung, so deutlich gespürt wie in diesem Moment. Er schlug ein wie ein Blitz. Das Selbstmitleid war schlagartig fort, die Fassade aus Angst und Widerwillen brach weg, Zweifel verflogen und übrigblieb: Freude. Immer größer werdende, mutige Freude, ausgedrückt durch breites Lachen. Diesen Moment werde ich nicht vergessen, denn alles wurde dadurch anders.

Pflicht oder Freiheit
In seinem Buch „Erfülltes Leben" beschreibt F. Schulz von Thun eine Situation, in der er als Student von seiner

Professorin gefragt wurde: „Warum willst du dich eigentlich nicht anstrengen?" Als ich diesen Satz las, war ich im ersten Moment unangenehm berührt. Musste ich mir doch eingestehen, dass ich das von mir selbst kenne. Ja, ich kann sehr ausdauernd sein, zäh durchhalten, hart mir selbst gegenüber sein. Doch gemeint ist hier etwas anderes. Die Verantwortung für das eigene Leben zu übernehmen, sich zu strecken, den Mut zu haben, für mich einzustehen und über mich selbst hinauszuwachsen. Mich zeigen zu wollen und mich dafür, im ersten Moment unangenehm anstrengend, auf den Weg zu machen. Da ist es doch bequemer, genügsam zu sein, sich zurückzunehmen und sich selbst noch einzureden, dass ich anderen gern den Vortritt oder die Bühne lasse, denn ich „brauche das" nicht.

Das Gehirn möchte, so schnell es geht, von einem inkohärenten wieder in einen kohärenten Zustand kommen. Wenn man dann zum Beispiel durch Sätze wie „Warum willst du dich eigentlich nicht anstrengen" auf ein altes Muster gestoßen wird, will man es zuerst nicht wahrheben. Wir versuchen, es anderen zuzuschieben oder verstecken uns hinter Eigenschaften, Sätzen oder Personen, um keine Verantwortung für uns zu übernehmen. Da fallen Sätze wie zum Beispiel:

- „Nein, lass mal, ich komme nicht mit, ich bin lieber allein" oder
- „Ich habe noch so viel zu tun" oder
- „Das liegt mir nicht" oder

- „Das mache ich aus dem Gefühl" – statt mich gut auf eine Situation oder Aufgabe vorzubereiten und mich mit dem jeweiligen Thema auseinanderzusetzen.

Sich das einzugestehen, ist im ersten Moment nicht schön und es tut weh, sich selbst so zu sehen. Wir belügen uns in solchen Momenten selbst und aus der Angst, zu uns zu stehen, wird vermeidende Feigheit (siehe Werte- und Entwicklungsquadrat). Doch wenn wir ehrlich zu uns sind, einfach in den Spiegel schauen und uns selbst eingestehen, was wir dort sehen, löst sich alles und es kann sich etwas ändern.

Ein anderes Beispiel dieser Art zeigte sich in der Zusammenarbeit mit einer Klientin: Sie ist seit Jahren als Coach tätig und bietet auch immer wieder eigene Seminare an, oft gemeinsam mit unterschiedlichen Kolleginnen. Sie kam zu mir mit der Frage einer weiteren beruflichen Profilschärfung und in diesem Zusammenhang unterhielten wir uns über die Auftritte mit den verschiedenen Kolleginnen. Wir fanden heraus, dass sie sich bei den Auftritten mit einer Kollegin immer eher zurücknahm, ihr mehr Raum ließ als sie selbst in Anspruch nahm – und irgendwie mit der Zusammenarbeit nicht zufrieden war. Es stellte sich heraus, dass sie sich aus falscher Bescheidenheit zurücknahm. Dass sie sich hinter der Kollegin versteckte und nicht zu ihrer eigenen Größe stand – und sich dabei vormachte, der Kollegin großzügig den Raum zu lassen.

Wenn einem klar wird und wir für uns annehmen, dass Veränderung Freude bereitet, wird aus der gefühlten Pflicht, sich anzustrengen, sich zu verändern, eine bewusst gewählte Entscheidung. Die Pflicht wandelt sich in Freiheit, weil wir uns ihr freiwillig hingeben.

Alte Hausflure

Da im Alter von 49-56 schon viele Jahre hinter uns liegen, wird die Gefahr, starr zu werden und alte Gewohnheiten beizubehalten, obwohl sie nicht gut für uns sind, tendenziell größer. Wir glauben, dass es uns gut geht, alles bestens ist und gehen über Symptome wie diffuse Unzufriedenheit, Schuldgefühle, Ängste oder auch depressive Anwandlungen hinweg. Um es bildhaft auszudrücken: es kann sein, dass wir lieber unzufrieden im Flur der Wohnung, aus der wir ausziehen wollten, stehenbleiben, statt die Tür zu öffnen und hinauszugehen. Wir idealisieren die Vergangenheit, schauen nach hinten statt nach vorn. Gleichzeitig spüren wir intuitiv, dass etwas nicht mehr passt, dass wir etwas ändern sollten, aber wir tun es nicht. Wir bleiben im Flur stehen, er ist vertraut. Doch wenn wir aus der Tür gehen und die alte Wohnung hinter uns lassen, stehen wir zu uns, akzeptieren die Gegenwart und können in die neue Wohnung einziehen – uns neue Gewohnheiten schaffen, die uns jetzt mehr entsprechen.

Der alte Wohnungsflur hat noch weitere Gesichter. Er kann sich auch so zeigen, dass wir um jeden Preis jung bleiben möchten, einfach so tun, als gäbe es keine körperlichen

Veränderungen. Wir verdrängen sie vehement, indem wir zum
Beispiel noch extremer als in früheren Jahren Sport betreiben.
Wir laufen dann im übertragenen Sinne vor uns weg.

Mutausbruch: Leben und Veränderung

Das Leben ist lebendig und das Leben ist immer auch Veränderung, sonst wäre es nicht das Leben. Leben ist Bewegung, es bleibt nie stehen. Manchmal ist es schade - dann, wenn wir etwas besonders Schönes erleben und den Moment am liebsten festhalten und einfrieren wollen. Manchmal sind wir froh, dass das Leben weiterfließt und nicht stehenbleibt – wenn wir in einer für uns schwierigen Situation sind und einfach nur hoffen, dass dieser Zustand sich endlich ändert. Leben heißt auch im positiven Sinne, nie anzukommen, wir können uns bis zur letzten Stunde unseres Lebens verändern und entfalten.

Was suche ich? Wonach sehne ich mich?

Unser Leben ist von Sehnsucht geprägt – vom Sehnen, vom Suchen, vom Finden wollen. Sehnsucht führt uns an unsere zentralen Lebensthemen. Selbstfindung ist eines dieser Themen.

> *„Selbstfindung steht nicht am Anfang eines Lebens,*
> *sie ist das Leben!"*
> *F. Schulz von Thun*

Es ist der Begriff, der alles auf den Punkt bringt. Der Begriff erklärt, warum wir unruhig suchen, Seminare buchen, beim Spaziergang am Meer zum Horizont schauen, Ratgeber lesen, Freunde fragen. Wir alle haben das innere Bestreben danach, uns selbst zu finden. Selbstfindung bringt uns zum Sinn des Lebens, ermöglicht ein erfülltes Leben in Würde und

Selbstachtung. Durch die Selbstfindung fühlen wir uns bedeutsam, sind unbestechlich und damit frei. Doch wie Friedemann Schulz von Thun es so treffend formulierte: „Die Selbstfindung steht nicht am Anfang eines Lebens, sie *ist* das Leben!"
Wir werden nicht irgendwann einen Zustand erreichen und sagen können: So, jetzt bin ich angekommen. Ich habe mich selbst gefunden, ich bin glücklich damit und so bleibt es auch. Sondern, wie das Sprichwort „Glück kommt in Wellen" es ausdrückt, so ist es auch mit der Selbstfindung. Es ist ein fortlaufender Prozess des Erkennens, Lernens, Wachsens. Der Weg ist das Ziel, auch wenn ich es vielleicht manchmal gern anders hätte. Gleichzeitig ist es aber genau dieser Umstand, der das Leben so faszinierend macht. Wenn ich diesen Gedanken akzeptiert habe und nicht auf DIE Erkenntnis oder DAS Ereignis warte, ist Selbstfindung ein Motor, der uns immer positiv antreibt, die beste Version unserer Selbst zu werden.
Selbstfindung ist das, was wir anstreben. Was brauchen wir dafür?

Individualität und Gemeinschaft

Wir Menschen sind soziale Wesen und wir sind keine Herdentiere wie Schafe oder bilden keine Schwärme wie Vögel und Fische. Unsere menschlichen Gemeinschaften sind völlig anders organisiert, sie sind individualisierte Gemeinschaften. Das ist auch gut so, denn über diese Art der inneren Organisation werden zwei Grundbedürfnisse von Menschen abgedeckt: Das Bedürfnis nach Verbundenheit mit anderen (Gemeinschaft) und die Autonomie andererseits. Sie stellen zwei Enden der gleichen Achse dar.

Warum ist das so wichtig?

Verbundenheit mit anderen Menschen ist für jeden von uns essenziell. Wir brauchen die Nähe zu anderen Menschen, den Austausch, das Zugehörigkeitsgefühl. Der eine mehr und die andere weniger – wie wir gesehen haben je nach Persönlichkeit - aber kein Mensch kann gut dauerhaft ohne den Kontakt zu anderen leben. Es gibt viele haarsträubende Beispiele dafür, was passiert, wenn man Menschen ihrer sozialen Kontakte beraubt. Zum Beispiel, wenn über längere Zeit Menschen in Isolationshaft im Gefängnis gehalten werden. Oder wenn man sich an die Experimente mit rumänischen Säuglingswaisenkindern erinnert, die lediglich gefüttert und gewickelt wurden, aber sonst keinerlei Zuwendung bekamen und immer mehr verkümmerten.

Wir brauchen Mitgefühl und zwischenmenschliche Wärme als Basis für unser menschliches Dasein und als Basis auf dem Weg zu uns. Gleichzeitig müssen wir uns auch von anderen Menschen entfernen, um uns als Individuen zu eigenständigen Persönlichkeiten entwickeln zu können. Während Kinder in den ersten 2-3 Lebensjahren noch ganz inniglich mit ihrer Umwelt verbunden sind, fallen sie nun aus diesem wohligen Einssein heraus. Oft wird diese Phase, die dann eintritt, auch „Trotzphase" genannt. Doch es ist der natürliche Drang, ein eigenständiges Individuum zu werden und sich für die eigene Integrität einzusetzen. In der Abgrenzung zu anderen erfahre ich mich, bekomme ein Gefühl dafür, was mich ausmacht und wer ich bin. Das geht nicht, wenn ich mich mit anderen förmlich verschmelze und in der Gemeinschaft aufgehe.

Wir brauchen also beides für die Selbstfindung: Gemeinschaft *und* Individualität. Das, was scheinbar ein Dilemma ist oder sich zu widersprechen scheint, kann sich sehr gut ergänzen: Wenn es gelingt, die eigene Einzigartigkeit *und* die des anderen zu erkennen und wertzuschätzen. Dann kann ich mich entwickeln und wachsen, ohne mich zu verbiegen und gleichzeitig die Gemeinschaft mit anderen genießen und an ihr lernen.

Als Mensch gesehen und ernst genommen werden

Der Sehnsucht nach Selbstfindung können wir gut folgen, wenn wir uns in einem Umfeld befinden, das uns Halt gibt.

Der Schweizer Dichter und Schriftsteller Carl Spitteler drückt in einem kurzen Gedicht pointiert aus, was uns Menschen Halt gibt, um unseren eigenen Weg gut gehen zu können:

SICH-VERSTANDEN-FÜHLEN
ist eines der grundlegenden Bedürfnisse des Menschen.
Noch tiefer ist das
SICH-GEFÜHLT-FÜHLEN:
„Menschen zu finden, die mit uns fühlen und empfinden,
ist wohl das schönste Glück auf Erden.“

Ernst genommen und verstanden zu werden, hängen dicht miteinander zusammen. Ich kenne das gut von mir selbst. Wenn ich ein Thema habe, das mich beschäftigt, tausche ich mich dazu gern mit einer Kollegin, einem Freund oder meinem Mann aus. Indem mein Gegenüber sich Zeit für mich nimmt und mir einfach zuhört, fühle ich mich als Mensch gesehen und von meinem Gegenüber ernst genommen. Dabei kommt es nicht darauf an, dass mein Gesprächspartner mir zustimmt oder mich in meinen Ansichten bekräftigt – ganz im Gegenteil. Das Wichtigste ist, dass mir offen und unvoreingenommen zugehört wird, vielleicht auch kritisch nachgefragt wird, um besser zu verstehen. Und es ist wichtig, dass mir der *Raum geschenkt* wird, über diesen Weg *selbst* die Antworten zu finden – und so mein Sehnen zu hören.

Gehört und verstanden zu werden in dem, was mich gerade umtreibt und einen Menschen gegenüber zu haben, der mit mir mitfühlt, ohne mitzuleiden, mich zu bewerten oder mich anders haben zu wollen, hinterlässt in mir das Gefühl, für den Anderen wertvoll zu sein. Und das wiederum ist wesentlich für das Bedürfnis, als Individuum in einer Gemeinschaft Halt zu finden.

Das innere Bild

Seit einigen Jahren gestalte ich ein gemeinsames Seminar („Wege-Wandel-Nächste Schritte") mit einer sehr geschätzten Kollegin und Wegbegleiterin. Ich liebe dieses Seminar besonders, weil es immer zum Jahresbeginn stattfindet und Impulse schenkt, innerlich wie äußerlich klar und gut ausgerichtet in das neue Jahr zu gehen.

Im Rahmen dieses Seminars geht es auch um die Frage: Wenn ich tief in mich schaue: Wonach sehne ich mich? Welches innere Bild zeigt sich? Meist haben wir schon ein inneres Bild davon, aber es traut sich noch nicht raus bzw. wir trauen uns nicht, genauer hinzuschauen. Oder es schalten sich Gedanken ein, die verhindern, weiter in die Sehnsucht hineinzuschmelzen. Doch wo das Gefühl einer ziehenden Sehnsucht ist, ist schon etwas da. Wir fühlen eine Sehnsucht nach dem, was wir schon im Stillen besitzen.

Welche Hilfestellung gibt es, um an dieses innere Bild, an diese Sehnsucht heranzukommen?

„Sei geduldig mit allen Fragen in deinem Herzen und versuche die Fragen an sich zu schätzen."
Rainer Maria Rilke

Es hilft, das auszusprechen, was ich fühle. Das ist oft diffus, manchmal merke ich auch, dass ich mich nicht traue, weil es mir unangenehm ist, wenn ich den Gedanken noch nicht klar fassen kann. Doch gerade dann weiß ich, dass ich auf dem richtigen Pfad bin und wenn ich den Mut aufbringe, es trotz aller Furcht oder auch Scham auszusprechen, wird es anders und das, was in mir ist, kommt in die Welt und wird damit greifbar. Darum schätze ich so sehr an diesem Seminar, dass wir viele Übungen machen, in denen es um ein ehrliches, zugewandtes Hinhören geht – ohne den eigenen „Senf" sofort dazuzugeben. Beim Aussprechen all dessen, was in mir ist, höre ich sozusagen mir selbst zu und alles fängt an, sich zu ordnen und sich zu sortieren. Das Bild wird klar und greifbar, ein nächster Schritt, eine Entscheidung liegen vor mir.

Auf diese Weise bin ich selbst zu einer Erkenntnis gekommen, deren Ausmaß mir erst beim Aussprechen langsam bewusst wurde. Es geht um das Thema Freude. Im Grunde meiner Seele fühle ich mich so, dass ich pure Freude bin. Manchmal strahlend hell und fast blendend zumutend. Manchmal gedämpft und abwartend. Doch immer Freude. Helle Freude, dunkle Freude. Es war schon immer so und doch habe ich mich genau damit oft verkehrt gefühlt. Schon als Kind gab es in mir etwas, das gedacht hat: „Es darf mir doch nicht gut gehen, wenn ich sehe, dass es anderen (etwa meiner Mutter) schlecht geht.

Ich fühlte mich schon viele Male schlecht mit meiner Freude. Es mag sich verrückt anhören, doch ich fühlte mich mit meiner fast unbändigen Lebensfreude oft als Bürde und so, als würde ich andere damit überrollen. Also habe ich mich häufig zurückgenommen und mich im Hintergrund gehalten.

Doch das innere Bild, das sich mir in einer unserer Übungen zeigte, war ein strahlendes helles Lachen, eine mich und durch mich meine Umgebung erfüllende Freude. Da wurde mir klar: Das *bin* ich und ich kann seitdem dieses Bild nicht mehr ignorieren, ich kann nicht mehr wegsehen. Es ist ausgesprochen und will gelebt werden. Als ich mir erlaubte, in dieses Gefühl hineinzuschmelzen, erkannte ich, wie groß die Sehnsucht war, genau dieses Gefühl uneingeschränkt zu leben. Es ist Teil meiner Selbstfindung, es ist Teil von mir – und durch das innere Erlauben, dieses zu leben, öffnen sich Türen.

Sehnsucht, sich selbst zu begegnen

Wie oft im Leben sehnen wir uns nach Antworten. Auf aktuelle Fragen, und doch auch auf Fragen, die wir gefühlt schon seit Ewigkeiten mit uns herumtragen. Und dann begegnen wir anderen und bekommen plötzlich und völlig unverhofft Antworten, obwohl wir die Frage gar nicht konkret vor Augen hatten.

Ein Beispiel: In unserem Seminarhaus in Norby fand das Seminar „Zeit für Deine Seele" statt, welches ich gemeinsam mit einer weiteren sehr geschätzten Kollegin und Freundin durchführte. Es haben sich unterschiedliche Teilnehmerinnen auf den Weg gemacht, um an diesem wunderschönen und besonderen Ort Zeit miteinander zu verbringen. Frauen, die sich vorher nicht kannten und ganz verschiedene Wege gegangen sind – und nun mit ähnlichen Fragen an das Leben und die eigene Seele im Seminar saßen.

„Der Mensch wird am Du zum Ich". Dieses Zitat von Martin Buber ging mir mehrfach an diesen zwei Tagen durch den Kopf, bringt es doch auf den Punkt, was geschehen ist. Die Teilnehmerinnen haben sich kennengelernt, ausgetauscht, gesprochen und zugehört – sie sind sich begegnet. Und in der Begegnung mit dem anderen Menschen begegnen wir uns selbst. Durch Begegnung entsteht Beziehung zwischen zwei Menschen und das Leben spielt einem die Möglichkeit zu, an dieser Begegnung zu wachsen und sich weiterzuentwickeln. Auf einmal Antworten auf Fragen zu bekommen, die man sich vielleicht schon lange gestellt hat, um sich doch damit immer wieder im Kreis zu drehen. Und auf einmal geht die Tür auf – durch einen Satz, ein Wort, ein Blick, eine Geste des Gegenübers. So auch an jenem Wochenende. Es hat mich mit tiefer Freude erfüllt, zu sehen, wie durch Begegnung Beziehung und ja, auch Heilung geschehen ist. In der Begegnung mit anderen haben sich die Teilnehmerinnen entfaltet, die Seele geweitet – und sich selbst ein Stück weit mehr kennengelernt.

Nicht jeder tauscht sich gern und viel mit anderen aus und sicher können wir auch viel mit uns selbst ausmachen und über Selbstforschung zu Erkenntnissen kommen. Doch nicht ausschließlich. Manchmal ist es schlicht hilfreich, sich mit anderen auszutauschen, eben weil wir in der Begegnung durch Fragen und die Sicht eines anderen Menschen auf unser Leben auf Facetten aufmerksam gemacht werden, die wir selbst nicht entdeckt hätten, weil sie für uns ein blinder Fleck waren.

„Der Mensch wird am Du zum Ich"
Martin Buber

Doch Beziehung und Begegnung dürfen kein Handel sein. Wenn ich sie als Handel sehe, dann gebe ich etwas und erwarte etwas zurück, meist ohne es konkret auszusprechen. Mein Geben ist an Bedingungen geknüpft. Dies sind häufig die unausgesprochenen Erwartungen, mit denen wir in Gespräche gehen. Das passiert so schnell und jeder von uns kennt solche Situationen. Wir geben etwas und erwarten etwas zurück, häufig in alltäglichen Situationen – und wenn wir nicht bekommen, was wir unausgesprochen erwarten, reagieren wir säuerlich und der andere versteht nicht, warum wir so reagieren. Kleines Beispiel: Du bist besonders nett zu einer anderen Person, weil du insgeheim hoffst, dass sie dir einen Gefallen tut. Oder du gehst in ein Gespräch mit deinem Partner/deiner Partnerin, um einen Konflikt oder ein Missverständnis zu klären, willst aber insgeheim, dass der andere sich ändern soll und du bleiben kannst, wie du bist.

Das erlebe ich regelmäßig in Situationen, in denen ich als Mediatorin tätig bin. Die Konfliktparteien in einem Klärungsgespräch signalisieren zwar Offenheit, wollen dahinter jedoch erreichen, dass die andere Person endlich einsieht, im Unrecht zu sein und sich entsprechend ändert. Solches Verhalten ist in aller Regel nicht böswillig, sondern Teil unseres menschlichen Verhaltens. Es ist im ersten Moment (aber nur im ersten!) bequemer, wenn die andere Person schuld ist und sich ändern soll, statt dass ich bei mir selbst genauer hinschaue.

AMA LA VIDA – Liebe das Leben!
Diesen kurzen Satz habe ich das erste Mal bewusst in Ecuador gelesen und vielfach dort erlebt. Er steht auf Bechern, Plakaten, am Flughafen in Quito und in abgelegen Dörfern.
Das Leben zu lieben, sich am Leben zu erfreuen, einfach weil es das Leben ist – kann es etwas Schöneres geben?

Als Familie verbrachten wir einen unserer Urlaube in Ecuador – es war kein Urlaub, es war eine Reise. Eine Reise, die bis heute mein Herz erwärmt, wenn ich daran denke. Es waren neben der unglaublich vielschichtigen und beeindruckenden Natur die Begegnungen mit den Menschen, die mich so nachhaltig beeindruckt haben. Kleine Gesten, ein Lächeln, tiefe Gespräche, alles war dabei. Und sehr viel ansteckende Lebensfreude!

AMA LA VIDA habe ich dort nicht nur als Spruch erlebt, sondern vorgelebt von den Menschen, die uns begegneten. Dort habe ich erlebt, was es heißt, einfach so genommen zu werden, wie ich bin. Es war egal, welchen Hintergrund ich habe, ob ich viel oder wenig Geld besitze, welches Auto ich fahre, wie ich mich ernähre, was ich beruflich mache. Mit offener ehrlicher Neugier auf mich als Mensch kamen andere auf mich zu. Mit erwartungsloser Freude an der Begegnung. Mit so viel Dankbarkeit und Zufriedenheit mit dem eigenen Leben – obwohl wir mit unserem westlichen Maßstab das schnell anders betrachten und bewerten und uns dann wundern, wie es diesen Menschen gelingen kann, einen so grundzufriedenen Eindruck zu hinterlassen, obwohl sie doch „viel weniger" haben. Doch was heißt „weniger haben"? Vielleicht weniger materiellen Wohlstand, aber dafür mehr Lebensfreude, Gemeinschaft und Fürsorge, Begegnung auf Augenhöhe. Das, wonach wir uns alle auch sehnen.

AMA LA VIDA – ein Becher mit diesem Satz ist damals mit in den Koffer nach Deutschland gekommen. Bis heute trinke ich oft morgens an der Ostsee meinen Tee daraus. Er erinnert mich daran, was wesentlich ist: Liebe das Leben!

Das Gelbe vom Ei

Dass die Sehnsucht nach Bedeutsamkeit als Individuum und die Sehnsucht danach, bedeutender Teil eines großen Ganzen zu sein, auch immer wieder eine Gratwanderung ist, zeigt ein Beispiel, das ich vor einiger Zeit in unserer Lokalzeitung las: „Als Team wären wir unschlagbar gewesen. Aber keiner hat dem anderen das Gelbe vom Ei lassen wollen. Jeder wusste alles besser". Diese Sätze stammen von Björn Engholm, SPD-Vorsitzender und von 1988-1993 Ministerpräsident in Schleswig-Holstein. Gesagt hat Engholm diese Sätze in Bezug auf sein Wirken vornehmlich mit Oscar Lafontaine, Gerhard Schröder und Rudolf Scharping. Björn Engholm ist an der „Nicht-Teamfähigkeit" seiner Mitstreiter verzweifelt, wie er es im Interview mit der Zeitung ausdrückte.

Mich haben diese Äußerungen betroffen und nachdenklich gestimmt. Egal, was ich inhaltlich von diesen Politikern halte, jeder einzelne von ihnen stellte eine charismatische Persönlichkeit dar, die viel bewegen konnte und über den Tellerrand hinausgedacht und gehandelt hat. Doch wie viel mehr hätte erreicht werden können, wenn sie alle letztlich nicht ihr Ego als vermeintliche Sehnsucht nach Individualität über das Team gestellt hätten. Wenn sie dem Anderen sozusagen das Gelbe vom Ei gegönnt hätten, mal im Sinne von Rampenlicht, mal im Sinne von Ideen oder Entscheidungen.

Es zeigt uns, wie wichtig es ist, nicht im Eigeninteresse, sondern im Sinne eines größeren Ganzen zu denken und zu handeln. Natürlich, es braucht immer wieder Menschen, die mutig vorangehen, unbequem sind, Dinge ansprechen, die nicht jeder hören will, Menschen, die nicht lockerlassen. Die Kunst liegt darin, die Gratwanderung vom Vorangehen für das große Ganze und dem eigenen Ego zu meistern und sich in entscheidenden Momenten im Sinne des Gemeinwohls zurückzunehmen.

So werden charismatische Persönlichkeiten zu Vorbildern mit natürlicher Autorität. Vorbilder, deren Größe es ist, in gegebener Situation auch aus der zweiten Reihe heraus groß zu sein. Vorbilder, die in Kontakt mit anderen Menschen bleiben, sie wachsen lassen und mit ihnen wachsen. In diesem Sinne ziehe ich vor Björn Engholm den Hut. Er hat immer den Kontakt zu Menschen gesucht – „auch zu denen, die mich nicht wählen wollten". Es geht also nicht ausschließlich darum, Unbequemes auszusprechen, sondern sich selbst auch unbequem auf den eigenen Weg zu machen. Immer wieder raus aus der eigenen Komfortzone.

Das kann sogar Freude bereiten, wenn ich es nicht als Zwang, sondern als Chance für Entwicklung sehe. So wächst auch als Teil des großen Ganzen die eigene Individualität.

Hummeln im Herzen, oder: Sehnsucht nach Sinn

Dass die Liebe zum Leben auch unter widrigsten Umständen möglich ist, hat Viktor Frankl in Auschwitz erlebt und sehr eindrücklich in seinem Buch „Trotzdem Ja zum Leben sagen" beschrieben. Beim Lesen des Buches wurde mir klar, dass die Liebe zum Leben eng verbunden mit der Sehnsucht nach Sinn im Leben ist.

Viktor Frankl beschäftigte sich immer wieder mit der Frage nach dem Sinn des Lebens. Doch statt zu fragen „Was habe ich vom Leben zu erwarten?" dreht er die Frage um und sagt „Was erwartet das Leben von mir?" Das ist ein kleiner, aber entscheidender Unterschied. Wenn ich die Frage umdrehe, falle ich automatisch aus der Konsumentenhaltung, aber auch aus einer möglichen Opferhaltung heraus. Wenn ich nur darauf warte, dass das Leben mir etwas bringt, kann ich es nicht selbst in die Hand nehmen und beeinflussen, sondern mache mich abhängig von anderen oder von äußeren Umständen. Die Umkehr der Frage führt mich in die Eigenverantwortung. Es liegt einzig in meiner eigenen Verantwortung, was ich aus meinem Leben und aus konkreten Situationen mache, wie mein persönlicher Blick auf die Welt ist. Es obliegt meinem freien Willen, dies zu entscheiden, jeden Tag aufs Neue. Keiner wird es mir abnehmen, doch gleichzeitig liegt genau darin auch eine große Chance, das Leben in die Hand zu nehmen und aus jeder noch so widrigen Situation das Beste zu machen.

An sich ist es so simpel, ich drehe einen Satz einfach um – doch damit kann sich alles ändern. Mich haben sowohl das Buch insgesamt und besonders diese Sätze sehr beschäftigt und wachgerüttelt. Ich dachte: wenn Viktor Frankl es in den lebensbedrohlichen Situationen in Auschwitz geschafft hat, einen solchen Blick auf das *Leben* zu haben, dann müssen wir das in unseren vergleichsweise sicheren Lebensumständen ebenfalls bewerkstelligen können. Und ich persönlich will keine Zeit verlieren. Beim Lesen des Buches konnte ich fühlen, wie ich ‚Hummeln im Herzen' hatte, diese kreative Unruhe in mir, die ich gut kenne und die mich immer dann erwischt, wenn mich etwas tief berührt. Dann weiß ich genau: Du hast dich entschieden, das alte Denken hat keinen Platz mehr. Ich schaue anders auf mich und ich handele anders. Hin zu mir.

„Ich bin frei,
denn ich bin einer Wirklichkeit nicht ausgeliefert,
ich kann sie gestalten.“
Paul Watzlawick

Zwei Fragen

Jeder von uns trägt eine tiefe Sehnsucht nach einem erfüllten Leben in sich. Was macht ein erfülltes Leben aus?

Von einem großen Geigenbauer der Gegenwart, Martin Schleske, las ich folgendes Zitat: „Wer ein erfülltes Leben sucht, hat keine andere Wahl als zu fragen, was sich durch ihn erfüllen soll. Das ist wohl das Wesen des Glücks“.

Er spricht mit schönen Worten das aus, was ich immer wieder in den Begegnungen mit anderen Menschen und in der Begegnung mit mir selbst erlebe: Es ist wichtig, gut für sich zu sorgen, Selbstfürsorge und Selbstliebe zu pflegen und zu leben. Eigene Träume zu erkennen, sie auszusprechen und zu verwirklichen. Es ist die Frage nach:

„Was hat sich *für* dich erfüllt?“

Gleichzeitig will jeder Mensch gebraucht werden, eine Bedeutung für jemand anderen oder für eine Sache haben. Für etwas da sein, was über das Eigene hinausgeht. Zum Gelingen des Ganzen beitragen, von dem ich ein Teil bin. Teil einer Familie, eines Teams, einer Gruppe, eines Vereins, eines Unternehmens, einer Nation, einer Menschheit, einer Schöpfung. Es ist die Frage nach:

„Was hat sich *durch* dich erfüllt?“

Um ein erfülltes Leben zu leben, brauchen wir die Beantwortung beider Fragen. Wenn wir uns zu stark auf die Erfüllung der eigenen Wünsche und Träume fokussieren, laufen wir Gefahr, ungesund egoistisch zu werden und das Wohl der anderen aus dem Blick zu verlieren. Legen wir den Fokus zu sehr auf das, was durch uns in die Welt gebracht werden soll, neigen wir zur Selbstaufopferung. Der Weg ist, wie so oft im Leben, die goldene Mitte. Gelingt es, beides zu leben und zu beantworten, ist das von Martin Schleske beschriebene Glück eine Nebenfolge, sozusagen eine Begleiterscheinung der Sehnsucht nach Erfüllung.

Zusammenfassend: Was ist Sehnsucht?
Sehnsucht ist das unsichtbare Band, das uns sowohl *zu* unserem als auch *auf* unserem eigenen Weg führt. Sehnsucht ist der Mittelstreifen auf unserem Weg. Sie drückt sich durch das Streben nach Individualität und Gemeinschaft aus, nach Lebensfreude und Sinn. Dieses Band hilft uns, uns selbst zu begegnen

und uns selbst zu finden. Doch wenn wir uns finden, ist das nicht lediglich ein *Einzelereignis*, sondern wir finden uns *immer wieder*, entwickeln und entfalten uns weiter – magisch gezogen von diesem unendlich langen Band.

Wie finde ich meinen Weg

Wie im vorangegangenen Kapitel beschrieben, tragen alle Menschen elementare Sehnsüchte in sich. Manchmal springen sie einem direkt entgegen, manchmal müssen wir tief in uns lauschen, um sie wahrnehmen zu können - doch sie sind da.

Jetzt kommen die beiden ziemlich besten Freunde ins Spiel: Intuition und Mut. Sie sind verlässliche Helfer, wenn es darum geht, den Sehnsüchten in uns zu folgen.
Die Basis, den eigenen Weg zu finden, besteht aus drei Schritten: Sich erlauben,

- die eigene Intuition zu hören,
- ihr zu glauben und
- den Mut zu haben, sich an ihr zu orientieren.

Es geht letztlich nur bedingt darum, etwas zu *tun*, sondern es geht mehr um eine *innere Haltung* sich selbst und dem Leben gegenüber. Diese innere Haltung ist Voraussetzung dafür, die eigene Intuition zu hören und erst im zweiten Schritt danach auch zu handeln. Es ist der Blick nach innen statt nach außen. Es ist das Vertrauen in sich selbst statt der Orientierung an anderen.
Auf dieser Grundlage lassen sich alle weiteren Helfer auf dem Weg zu sich gut angehen, annehmen und integrieren.

Grenzenlos leben

Haben Beurteilung, Abwertung oder Verurteilung jemals jemandem geholfen, etwas Gutes ins eigene Leben oder in die Welt zu bringen? Ich bin zu dem Schluss gekommen: Nein!
Dieses Trio trägt häufig dazu bei, sich selbst herunterzuziehen, sich Beschränkungen aufzuerlegen und damit sich selbst einen Käfig zu bauen. Und in diesem Käfig sitzen wir dann freiwillig und könnten doch jederzeit herausgehen. Stattdessen kommt es vor, dass Menschen sich selbst schlecht machen und dann nicht mehr auf die Idee kommen, aus diesem Käfig heraus zu spazieren – obwohl die Tür offen ist.

„Es gibt keine Grenzen. Weder für Gedanken, noch für Gefühle.
Es ist die Angst, die immer Grenzen setzt."
Ingmar Bergman

Wie schaffe ich es, die Beschränktheit meiner eigenen Vorstellungen zu überwinden?
Eine zumeist schmerzvolle, jedoch auch lehrreiche Möglichkeit bietet das Scheitern. Wenn der Schmerz und das Entsetzen über den Zusammenbruch eigener Lebensentwürfe tief genug gehen, kann dieses helfen, die Augen zu öffnen. Dann ist die Talsohle erreicht, man ist an einem Wendepunkt angekommen und es ist möglich, die Begrenztheit der bisherigen Überzeugungen und Vorstellungen zu erkennen. Sie werden bewusst und man kann anfangen, sich anders zu orientieren. Leider ist der Schmerz oft nicht groß genug, wird nicht zugelassen oder verdrängt, so dass der Wendepunkt (noch) nicht erreicht wird.

Dann machen wir so weiter wie bisher und versuchen sogar, unsere überholten Überzeugungen noch konsequenter und vehementer umzusetzen. Es ist ein eigenartiges Phänomen: Wir neigen dazu, dem Schmerz so lange auszuweichen, bis er größer ist als die Gewohnheiten, die uns am Alten festhalten lassen und unterstützen, dass wir dem Unbequemen aus dem Weg gehen. Der Schmerz ist zwar sehr unangenehm, aber zumindest kennen wir ihn, er ist uns vertraut. Zum Beispiel sagt jemand in einer Situation fast automatisch „Ja", obwohl er „Nein" sagen wollte. Er ärgert sich dann hinterher, dass er nicht den Mut hatte, sich abzugrenzen – das ist der Schmerz. Doch die Gewohnheit, sich anzupassen, ist größer und setzt sich durch. So lange, bis das Verhältnis kippt, wir an einem Wendepunkt angekommen sind und nicht mehr ausweichen können.

Eine andere, deutlich nachhaltigere Möglichkeit ergibt sich durch die Begegnung mit anderen Menschen. Sie haben andere Vorstellungen und Überzeugungen, die uns womöglich fremd sind, aber helfen können, unsere eigene Sicht zu relativieren und zu hinterfragen. Im übertragenden Sinn können sie helfen, dem Schmerz ins Gesicht zu blicken. Andere Menschen können uns dabei helfen, einen veränderten Blick auf *uns* zu bekommen. Dieser andere Blick kann auch eine Metaebene sein: Statt mich z. B. zu kritisieren, weil mir irgendetwas nicht gelungen, nicht perfekt gelaufen ist oder ich in ein altes Muster getappt bin, das ich schon lange hinter mir glaubte, kann ich den Blick nach vorn richten und denken: Ich bin ein Punkt. Das hört sich auf den ersten Blick wahrscheinlich komisch bis absurd an, aber ich meine es ernst. Als Punkt bin ich fast nichts und gleichzeitig alles. Ein Punkt scheint so klein zu sein, doch er beendet Sätze, fasst etwas zusammen (bringt es ‚auf den Punkt‘), gliedert einen Text oder verändert inhaltliche Aussagen. Er ist immer bedeutsam. Genau das bin ich auch, weil ich ein Mensch bin, einfach weil ich *Ich* bin. Die Bedeutung kann ich mir nur selbst geben, sie kann nicht von außen kommen. Trotzdem versuchen viele Menschen ihr Gefühl von Bedeutsamkeit durch Bestätigung von anderen oder durch materielle Dinge zu bekommen.

Gleichzeit ist ein Punkt alles, ohne Begrenzung und ohne Horizont. So bin auch ich als Mensch. Es gibt per se keine Grenzen für mich, die setze ich mir selbst durch Bewertung, Beurteilung und die Vorstellungen, die ich von mir und der Welt habe. Hier liegt ein wesentlicher Stellhebel für den eigenen Weg: Wenn ich mich immer stärker von Bewertung und Beurteilung löse, höre ich meine Intuition besser und kann leichter den Mut aufbringen, mich so zu verhalten, wie es mir und meinem Wesen entspricht.

> *„Und es kam der Tag,*
> *da das Risiko,*
> *in der Knospe zu verharren,*
> *schmerzlicher wurde,*
> *als das Risiko*
> *zu erblühen“*
> *(Anais Nin)*

Freiheit ist eine Entscheidung

Jeder von uns kann Freiheit erleben, immer, egal wie eingeschränkt die Situation im Außen ist. Auch dabei muss ich an Viktor Frankl denken.

In seinen Büchern beschreibt er sehr eindrücklich, was ihm in den Jahren der absoluten Unfreiheit in den Konzentrationslagern geholfen hat, sich frei zu fühlen – Frankl nennt diese innere Einstellung auch die „Trotzmacht des Geistes". Grundsätzlich kann jeder Mensch entscheiden, wie er sich auf gegebene Verhältnisse einstellt. Er kann sich entscheiden, eine Situation als ausweglos und sich selbst als ausgeliefert erleben – oder er entscheidet sich, das Leben grundsätzlich als sinnvoll zu erleben und die innere Einstellung zu haben, die eigene Lebenssituation selbst gestalten zu können.

Es liegt also an mir, was und *wie* ich über alles denke. Darüber nimmt mit der Zeit die Seele die Farbe der Gedanken an. Es fühlt sich anders an, wenn die Seele dunkel gefärbt ist statt vielleicht in einem hellen Grün. Grau fühlt sich anders an als Hellblau. Frankl ist es gelungen, in einer äußerlich schwarzen Umgebung seine Seele hell zu erhalten. Dies hat ihm geholfen, in den widrigsten Umständen dennoch immer wieder einen Sinn im Leben zu sehen, ein Gefühl von Selbstbestimmtheit zu haben, den einzelnen Menschen zu sehen und sich darüber die eigene Würde zu bewahren.

Was für extreme Ausnahmesituationen gilt, gilt auch im Alltag. Es liegt in meiner Hand, ob meine Gedanken wohlwollend, wertschätzend und respektvoll mir selbst und anderen gegenüber sind oder ob sie negativ und abwertend sind. Damit färben sie auf Dauer die Seele – und mein Lebensgefühl. Ich habe mich für freundlich helle Farben entschieden.

Jeder von uns hat die Macht der Wahl und entscheidet damit über das eigene Leben. In der Macht und wie ich sie nutze, liegt die Freiheit und in der Freiheit die Entwicklung. Freiheit ist ein Geschenk. Doch tatsächlich ist es ein Geschenk, das sich nicht jeder gern machen lässt. Denn in dem Geschenk der Freiheit liegt auch die Verantwortung, die ich für mich selbst und meinen Blick auf die Welt ergreifen muss. Diese Verantwortung muss ich übernehmen *wollen*.

Wenn ich den eigenen Weg finden will, muss ich bereit sein, die Verantwortung für mein Leben zu übernehmen. Wenn ich dazu ehrlich bereit bin, zeigt sich einem der Weg. Ich muss ihn auch gar nicht ganz sehen, es reicht, wenn ich den nächsten Schritt sehe. Je mehr ich mich auf einen Schritt nach dem nächsten einlasse, umso weiter kann ich schauen.

Die eigene Seele lächeln lassen, statt sie zu verkaufen

Wir kommen als Menschen auf die Welt. Doch wir haben gesehen: Um zu dem zu werden, was uns ausmacht, brauchen wir andere Menschen. In der Begegnung mit anderen können und müssen wir selbst herausfinden, was uns selbst ausmacht und wer wir sein wollen. Oder andersherum: In der Abgrenzung zu anderen bekomme ich ein Gefühl dafür, was ich *nicht* will, mir *nicht* entspricht und was mir dagegen wichtig ist. Auch das ist ein Beitrag zur eigenen Wegfindung.

In meiner freiberuflichen Tätigkeit habe ich immer wieder mit Kolleginnen und Kollegen zusammengearbeitet. Ich schätze die Zusammenarbeit und die früheren Begegnungen sehr, weil sie mich immer wieder auf mich selbst zurückgeworfen haben, mich förmlich aufgefordert haben, mich mit mir selbst auseinanderzusetzen und mich zu fragen: Wie will ich es? Was will ich? Ich musste für mich einstehen und konnte und kann in meiner Persönlichkeit über die bewusste Bestimmung und Entscheidung darüber, wie und mit wem ich zusammenarbeiten will, weiter reifen und ein immer klareres Bild von mir selbst bekommen, was mir entspricht.

Andererseits sind auch die Begegnungen und Beziehungen sehr wertvoll, in denen wir nicht nur ein Gefühl von Verbundenheit erleben, sondern aus dieser Verbundenheit heraus persönlich wachsen. Wenn wir uns in einer Gemeinschaft mit einem oder mehreren anderen tief verbunden fühlen und uns gleichzeitig als völlig freie und autonome Individuen erleben, dann verdienen diese Begegnungen den Begriff Liebe – im Sinne der griechischen Liebesform *Agape:* Der universellen erwartungsfreien Liebe.

Wahre Liebe ist freilassend. Sie will nichts, sie ist einfach. Wenn zwei oder mehr Menschen in wahrer Liebe verbunden sind, heben sie sich gegenseitig an und helfen dem anderen bedingungslos, seinen Weg zu finden und zu gehen.

Sich seiner eigenen Würde bewusst werden

Ich komme an dieser Stelle wieder auf Gerald Hüther und sein Buch „Würde" zurück.

Ein Gespür für die eigene Würde ist bereits im kindlichen Gehirn angelegt und es ist zeitlebens möglich, dieses tief verankerte Empfinden auch später durch hilfreiche Beziehungserfahrungen wiederzuerwecken. Auslöser für die Bewusstwerdung und Wiederentdeckung der eigenen Würde sind meist sehr entscheidende persönliche Erfahrungen. Sie tauchen oft in Umbruchsituationen des Lebens auf. Das können schmerzhafte Situationen wie zum Beispiel ein Jobverslust nach einer Umorganisation sein oder Krankheiten und Unfälle, die verhindern, dass das Leben so weitergelebt werden kann wie bisher. So manchen gelingt es dann, aus dieser Situation heraus ihre Würde wiederzuentdecken und etwas ganz Neues und Anderes zu wagen. Es sind dann Lebensgeschichten, die Mut machen und auf die ich später zurückkomme.

Es müssen aber nicht nur Situationen sein, in denen scheinbar alles zusammenbricht, die uns zu unserer Würde zurückführen. Es können auch bewusste Entscheidungen sein, neue Wege zu gehen. Ich habe das sehr intensiv erlebt, als ich 2010 den Schritt in die Selbstständigkeit gewagt habe. *Eigentlich* war damals alles in Ordnung. Ich hatte einen sehr guten Beruf bei dem internationalen IT-Konzern SAP SE, hatte ein hohes Maß an

Eigenverantwortung, hatte unterschiedlichste interessante Projekte, habe viele Länder gesehen und eine bunte Vielfalt an Menschen kennengelernt. Und doch war da irgendwann latent im Hintergrund eine leise Stimme, die mir gesagt hat: Das bist du nicht mehr, deine Zeit hier ist vorbei, du willst etwas anderes.

Ich hatte nebenberuflich die Ausbildung zur Wirtschaftsmediatorin abgeschlossen und darüber realisiert, dass mir diese Art der Tätigkeit mittlerweile mehr entspricht und ich noch viel über persönliche Entwicklung lernen will. Ich war in der Zwischenzeit auch innerhalb des Konzerns als innerbetriebliche Mediatorin tätig, aber lediglich ‚zusätzlich'. Als sich eines Tages herausstellte, dass das nicht mehr möglich sein wird, war mir klar: Du musst gehen. Wage den Sprung in die Freiberuflichkeit. Raus aus der Sicherheit des Konzerns. Zwei Wochen später habe ich gekündigt und es bis heute keinen Tag bereut. Ich bin nach wie vor sehr dankbar und profitiere bis heute von all den Erfahrungen, die ich in diesem außergewöhnlichen Unternehmen machen konnte. Doch die Zeit war reif und ich konnte fühlen, wie wertvoll dieser Schritt für meine Entwicklung und Würde war. Nicht das System des Unternehmens war falsch, nur ich passte nicht mehr in dieses System. Ich hatte bereits angefangen, mich zu verbiegen, daher fühlte sich der Schritt der Veränderung umso befreiender an. Es war kein „Hauptsache weg von...", sondern ein klares „Hin zu...mir".

Ich erlebe es an mir selbst wie auch an anderen: Wenn sich Menschen ihrer Würde (wieder) bewusstwerden, entdecken sie in sich wieder eine größere Gestaltungskraft und ein größeres Verbundenheitsgefühl mit anderen Menschen. Sie übernehmen Verantwortung für sich und ihr Handeln. Darum können auch Menschen, die sich ihrer eigenen Würde bewusst geworden sind, nicht mehr so weiterleben wie bisher. Es geht einfach nicht mehr. Menschen, die ihre Würde wiederentdeckt haben, erleben sich als bedeutsam – weil sie sind, wer sie sind. Diese Bewusstwerdung ist der entscheidende Schritt in die Freiheit – der innere Kompass.

Was mir in diesem Zusammenhang noch klar geworden ist: Ich kann meine Würde als Mensch nur selbst verletzen. Denn wenn ich mir meiner Würde bewusst bin, bin ich unangreifbar. Dann stimmt es, was im Grundgesetz steht:

Die Würde des Menschen ist unantastbar!

Andere können sich zwar weiterhin würdelos mir gegenüber verhalten, doch es verletzt mich nicht mehr. Dann ruhe ich in mir, bin mein eigener Fels in der Brandung. Ich kann sie mir also nur selbst nehmen, indem ich mich würdelos mir selbst gegenüber verhalte. Denn wenn ich einmal bewusst erlebt habe, wie schmerzhaft es ist, sich auf diese Weise selbst zu verletzen, kann ich nicht mehr wegschauen, alles in mir schreit danach, mich anders mir selbst gegenüber zu verhalten. Und dann tue ich es auch.

„Wenn du im stillen Herzen um deinen Wert weißt,
musst du nicht anderen gegenüber
ständig (und nervig) diesen Beweis antreten…"
(F. Schulz von Thun)

Geschichte einer Schneeflocke
(SEOM: zu finden auf YouTube)
Würde hat mit Wert zu tun. Bin ich mir meiner eigenen Würde bewusst, bin ich mir auch meines Wertes bewusst. Das hat nichts mit Überheblichkeit zu tun, sondern damit, aufrecht und selbstbestimmt durchs Leben zu gehen. Ein kleiner Ausflug in eine alte Zen-Weisheit, aufgearbeitet von dem Künstler SEOM, verdeutlicht dies:

„Wie viel wiegt eine Schneeflocke" wollte ein Eichhörnchen wissen und fragte eine weise Eule und die Eule antwortete: „Etwas mehr als nichts". „Wenn das so ist", so das Eichhörnchen, „muss ich dir eine bemerkenswerte Geschichte erzählen: Neulich saß ich auf dem Stamm einer Fichte und ich zählte die Schneeflocken, die sich um mich herum auf den Nadeln und Ästen niederließen. Es waren genau 247.829. Und als die nächste Schneeflocke, mit dem Gewicht von etwas mehr als nichts den Ast berührte, brach der gesamte Ast ab." „Nun", sagte die Eule, „Vielleicht fehlt auch nur noch die Stimme eines Menschen, von einem liebenden Herz und eine neue Welt entsteht."
Seom weiter:

„...Wir denken so oft, dass unsere Stimme mit dem scheinbaren Gewicht von Nichts nicht so viel zählt...doch wir brauchen jede und jeden Einzelnen da draußen. Auch Dich! Und wenn wir uns darauf verlassen, wenn du dich darauf verlässt, dass du wichtig bist, dann vollbringen wir Großes. Und mit dieser Gewissheit, mit diesem Gefühl, dieser Überzeugung, dürfen wir in die Welt leuchten. Also liebe, so viel du kannst...“

Es geht nicht darum, anders zu sein.
Es geht darum, Ich zu sein.
Auf dem eigenen Weg spielt Individualität eine große Rolle. Was in der Renaissance begann, die sich am *Wesen des Menschen* mit seiner Weltanschauung, seinen Werten und Interessen orientierte, zieht sich bis in die Gegenwart und bestimmt unser gesellschaftliches Bild.

Individualität ist heute wichtiger denn je, das wird uns an jeder Ecke und bei jeder Gelegenheit bescheinigt. Natürlich ist Individualität wichtig, das wird kaum jemand bestreiten. Sich abheben von anderen, nicht mitschwimmen im Strom – aber Hauptsache anders sein?

Sich bemühen müssen, sich anstrengen müssen, um anders zu sein – das ist keine gute Basis - der Fokus liegt dann stark bei den Menschen um einen herum, man vergleicht sich, man orientiert sich an ihnen und versucht, sich selbst zu finden, indem man sich bemüht, nicht so zu sein wie sie. Führt das zu einem selbst?

Ich glaube nicht. Stattdessen geht es vielmehr darum, nach innen zu schauen und zu lauschen. Ein Gefühl für mich zu bekommen: Was entspricht mir und was nicht. Was will ich von mir zeigen und was nicht. Was macht mich aus? Was sind meine Stärken? Damit hebe ich mich automatisch von anderen ab.

Es geht also darum, sich als Individuum kennenzulernen und zu sich zu stehen, jeden Tag aufs Neue. Anders ausgedrückt: Sei die beste Ausgabe deiner selbst, nicht die zweitbeste Ausgabe eines anderen!

„Wer bin ich, wenn ich bin, was ich habe, und dann verliere, was ich habe?" E. Fromm

Sich als Individuum zu erleben, ist ein wichtiger Baustein, um den eigenen Weg zu finden. Doch was ist, wenn ich feststelle, dass ich mich sehr mit dem, was ich *habe,* identifiziere und genau das verliere? Wer bin ich dann?

Das Zitat von Erich Fromm stammt aus seinem Standardwerk „Haben oder Sein". Er nannte es in dem Zusammenhang, dass der Mensch sich immer mehr an das anpasst, was gerade gefragt ist – und sich dadurch von sich selbst und anderen Menschen entfremdet. Dass er eine Ware auf dem ‚Persönlichkeitsmarkt' ist und sein Erfolg davon abhängt, wie gut er sich verkauft. Er schrieb dieses Buch bereits 1976 und doch ist es absolut aktuell.

In einem scheinbar anderen Zusammenhang musste ich an dieses Zitat denken. Mir ist das passiert, was sicher schon so manchem passiert ist: Mir ist mein Handy ins Wasser gefallen – und gab kurz danach den Geist auf. Im ersten Moment blieb ich ruhig, ist eben passiert, kann ich jetzt auch nicht ändern.

Doch je länger ich darüber nachdachte und überlegte, was wohl alles an Daten unwiderruflich verloren ist, umso betrübter wurde ich. Und es kam noch etwas anderes hinzu. Der Sonntag ohne Handy war sogar angenehm, doch pünktlich zum Montagmorgen machte sich natürlich bemerkbar, wie sehr dieses kleine Gerät Teil meines Lebens geworden war. Auf einmal konnte ich weder jemanden anrufen noch angerufen werden noch über Kanäle wie WhatsApp oder Signal mit anderen in Kontakt treten. Das war alles in allem ein wirklich unangenehmes Gefühl und es hat mir zu denken gegeben, wie mich der Umgang mit dem Gerät in meinem Alltag beeinflusst und sogar beeinträchtigt?

Da kamen dann Fragen hoch: Wie abhängig bin ich eigentlich von solchen Dingen? Wer bin ich ohne diese Kontaktmöglichkeit und (fast) permanente Erreichbarkeit? Was macht mich aus und definiere ich mich ein Stück weit über die Art, wie ich über diese Medien wahrgenommen werde?

Vielleicht sind für den einen oder die andere solche Fragen weit hergeholt. Doch mich beschäftigen sie und so unschön dieser Anlass an sich war, so nahm ich ihn als Gelegenheit, mich selbst, mein Verhalten, meine Gewohnheiten, mein „wie bin ich in der Welt" zu hinterfragen – und das tat gut.

Das Leben ist immer wieder einfallsreich, um einen auf bestimmte Themen aufmerksam zu machen. Neu ausrichten und im frischen Anfängergeist wieder beginnen – das nehme ich aus dieser Situation mit.

Etwas Ähnliches entdeckte ich beim Lesen eines ZEIT-Interviews mit dem Literaturnobelpreisträger Imre Kertész. Er sagte:

„Es ist leichter, sich welterlösenden Ideen hinzugeben, als sich für sein eigenes Leben verantwortlich zu zeigen."

Es geht auch Kertész dabei um die Frage, warum wir unser Leben so sehr nach fremder statt nach eigener Regie leben. Wie oft legen wir den Fokus auf das, was wir haben, leisten, können und auf das, was von uns (scheinbar?) erwartet wird und wie wir sein „sollten".
Das kann laut Kertész schließlich zur Überidentifikation mit meinem „Welt-Ich" führen und schleichend übergehe ich mich, entferne mich immer mehr von mir – und bin immer weniger beseelt von meinem inneren Wesen.
Wenn dies geschieht, verliere ich den Kontakt zu meiner Intuition, meinem inneren Kompass. Ich komme ab von meinem Weg und da ich mich innerlich von mir bereits entfernt habe, merke ich es vielleicht nicht bewusst. Doch als Sprachrohr der Seele wird sich die Intuition melden. Das kann durch äußere Situationen geschehen wie im Handy-Beispiel beschrieben, es kann sich in diffuser Unzufriedenheit, physischen oder psychischen Symptomen äußern. Wenn wir ansatzweise merken, dass irgendetwas nicht stimmt, sind wir von unserer Intuition aufgerufen, innezuhalten statt einfach weiterzumachen wie bisher. Ehrlich in den Spiegel zu schauen, sich zu fragen: Was

muss ich ändern? Und dann beherzt in der Eigenverantwortung handeln.

*„Man kann gar nicht oft genug im Leben das Gefühl
des Anfangs in sich aufwecken.
Es ist so wenig äußere Veränderung dafür nötig,
denn wir verändern ja die Welt von unserem Herzen aus,
will dieses nur neu und unermeßlich sein,
so ist sie sofort wie am Tage ihrer Schöpfung und unendlich.“
Rainer Maria Rilke*

Durchbruch

Das Gefühl des sich immer wiederholenden Anfangs kennen Musiker sehr gut, es treibt sie zu Höchstleistungen an und setzt beeindruckende Kräfte frei. Hierzu ein kurzer Auszug aus dem Buch: „Der letzte Satz“ von Robert Seethaler über das Leben des Komponisten Gustav Mahler:

„Vielleicht war es die Energie, die sich aus dem Widerstand erhebt, eine Art sture Wut, die das Orchester an seine Grenzen und darüber hinaustrieb. Er hatte es oft erlebt: Verzweiflung, Verweigerung, Zusammenbruch, letztlich aber Durchbruch und Auflösung. Zumindest solange die Wut und die Kraft reichten. Wenn nicht, blieb es bei der Verzweiflung. Doch selbst dann musste es weitergehen. Auch Durchbrüche waren nichts weiter als ein kurzes Innehalten, ein Durchschnaufen auf dem Weg.“

In drastischen Worten beschreibt Gustav Mahler anhand seiner Proben mit dem Orchester das Leben als großen und andauernden Prozess. Es gibt kein Ende, doch immer wieder Anfänge, Zusammenbrüche und Durchbrüche. Sie sind kreativer Teil unseres Lebens. Wenn ich es wohlwollend und positiv betrachte, sind es bunte Tupfer, die Farbe ins Leben bringen. Das fühlt sich nicht immer so an, doch wenn sich die eigene Sichtweise in diese Richtung bewegt, lassen sich Zweifel und Brüche deutlich schneller und gesünder meistern.

„Du musst das Leben nicht verstehen,
dann wird es werden wie ein Fest.
Und lass dir jeden Tag geschehen so wie ein Kind
im Weitergehen von jedem Wehen
sich viele Blüten schenken lässt.“
Rainer Maria Rilke

Das Leben immer verstehen zu wollen, beinhaltet auch, es irgendwie im Griff haben zu wollen. Doch erstens klappt das nie voll und ganz und zweitens nehmen wir uns damit die Möglichkeit, uns jeden Tag aufs Neue vom Leben überraschen zu lassen. Kinder erleben ihre Welt noch ganz anders. Sie denken nicht an Anfänge, Zusammenbrüche und Durchbrüche. Sie wollen nichts im Griff haben – sie wollen lernen und wachsen! Ein Beispiel:
Auf dem Weg zum Laufen lernen fällt ein Kind unzählige Male hin. Am Anfang steht es wackelig auf seinen kleinen Beinen, geht einen Schritt, fällt hin. Steht auf, probiert es wieder,

irgendwann werden es ein paar Schritte mehr. Dann klappt wieder gar nichts, das Kind ist frustriert – es würde aber bei gesunder Entwicklung niemals aufgeben und aufhören, es weiter zu probieren. Anfang, Zusammenbruch, Durchbruch – immer wieder. Bis es irgendwann laufen kann und unendlich stolz strahlt! Das Kind strebt nicht Kontrolle an, sondern Wachstum und die Freude darüber nähren Selbstwert und geben Sicherheit.

Von dieser Haltung können sich viele Erwachsene eine Scheibe abschneiden. Durch eine solche Einstellung wird vieles so viel leichter und Probleme werden zu den bereits beschriebenen bunten Tupfern, es sind die „Blüten, die uns beschenken". Das Leben als Fest der Möglichkeiten.

Eine dieser „Blüten" wurde mir vor einiger Zeit im Rahmen einer Veranstaltung geschenkt. Auf dieser Veranstaltung kannte ich so gut wie niemanden und auch thematisch wartete in gewisser Weise Neuland auf mich. Irgendwie war ich aufgeregt, weil ich nicht wusste, wer und was mich da erwartete. Doch zu diesem Wochenende konnte ich keine konkreten Erwartungen haben, sondern musste mich auf das Ungewisse einlassen, was durchaus Unbehagen in mir auslöste. Neben diffusen Erwartungen machte sich so manche Fantasie in meinem Kopf breit. Das ging so weit, dass ich am liebsten gar nicht hingegangen wäre. Bis ich realisierte, dass es dabei auch um das Thema Kontrolle ging. Es war eine sehr gute Übung, neben Erwartungen auch Kontrolle loszulassen, mich einfach einzulassen. Es blieb mir auch nichts anderes übrig - und es tat gut, sich wie ein neugieriges offenes Kind einzulassen. Es hat das gesamte Wochenende leicht gemacht als ich beschloss, das Fest der Möglichkeiten zu nutzen.

Der andere ist anders

Es war unser Hochzeitstag. Bisher haben wir es jedes Jahr geschafft, uns an diesem Tag frei zu nehmen und Zeit für uns zu haben. Es geht für uns an solchen Tagen gar nicht darum, etwas ganz Besonderes zu machen, sondern eher darum, gemeinsam innezuhalten und auf all das Gute, was uns verbindet, zu schauen und auch auf das, was sich ändern darf.

An solchen Tagen fällt mir insbesondere auf, wie wichtig es ist, den anderen in seiner Andersartigkeit zu sehen, zu respektieren, und selbst daran zu wachsen. Denn je mehr ich das andersartige im Gegenüber erkenne und schätze, umso mehr lerne ich auch mich kennen – statt den Anderen anders haben zu wollen. Noch etwas fällt mir auf:

Wie wesentlich es für jede Art von Beziehung ist, egal ob privat oder beruflich, neugierig im positivsten Sinne zu sein und zu bleiben. Kaum etwas ist aus meiner Erfahrung schädlicher für eine Beziehung als zu glauben, den anderen zu kennen. Natürlich kennen wir unsere Partner, Freunde, Kollegen, Klienten etc. bis zu einem gewissen Grad gut und sind vertraut – aber eben nie ganz. Wenn ich mir anmaße, den Anderen voll und ganz zu kennen, so spreche ich der anderen Person jegliche Entwicklung ab, sehe nicht mehr genau hin und die Beziehung wird unlebendig und fad.

Darum liebe ich solche Tage, wenn uns bei einem Spaziergang die Sonne daran erinnert, den anderen bewusst zu sehen, offen und damit mit ihm bzw. ihr in Verbindung zu bleiben.

Es ist sehr wohltuend, gemocht und geliebt zu werden. Doch das größere Glück ist es, andere zu lieben, sie so zu nehmen, wie sie sind und zugleich weiter neugierig auf sie zu sein. Dann habe ich keine Erwartungen und das macht frei. Frei deshalb, weil ich mein Wohlbefinden nicht davon abhängig mache, ob andere mich mögen. Und glücklich, weil es erfüllend ist, Liebe zu schenken.

Manchmal kommt es anders

Wir hatten uns so gefreut – nach über zwei Jahren endlich in den Urlaub fahren, nach Portugal. Dort angekommen, haben wir drei wunderschöne erste Tage – bis Andreas an Corona erkrankt. Ein paar Tage geht es ihm gar nicht gut, er liegt viel im Bett und bleibt im Zimmer. Schließlich bessert sich sein Zustand und zum Ende des Aufenthalts können wir zumindest kleine Spaziergänge unternehmen.

Bei einem morgendlichen Strandspaziergang ist die Stimmung von Andreas deutlich belegt - durchaus verständlich aufgrund der Umstände. Dennoch merke ich, wie ich selbst einen Teil davon zu mir nehme und sich auch meine Stimmung verändert. Schließlich besinne ich mich, fühle Wut auf mich selbst in mir hochsteigen: Nur weil es Andreas nicht gut geht, muss es nicht auch mir schlecht gehen. Es wäre eine absolut falsche Rücksichtnahme. Im Gegenteil – wenn ich in meiner Größe bleibe, in meiner Freude über das Leben, dann entspricht es mir und ich helfe gleichzeitig Andreas.

So sind wir also auf dem Weg zum Strand und ich spreche es an. Mitgefühl zu zeigen, ist absolut wertvoll. Doch dass beide in Trübsal versinken, ist weder sinnvoll noch zielführend. Wir besinnen uns darauf, dass wir einander haben, uns helfen, gemeinsam lesen, Karten spielen können und so eine gute Zeit haben, nur eben anders als gedacht - es kommt an, sein Gesicht hellt sich auf.

Wie um die ganze Situation noch humorvoll zu bestätigen, kommt kurz nach dem Wortwechsel ein (natürlich subjektiv betrachtet) recht hässlicher Hund mit struppigem Fell, dickem Bauch und unverhältnismäßig langen dünnen Beinen angerannt und bleibt fröhlich vor uns stehen. Ein Hund, der nicht weiß, wie komisch er aussieht und es ist ihm sicher auch egal. Der sich aber sichtlich seines Lebens freut und so ganz im Hier und Jetzt am Strand ist. Gelebtes Carpe Diem. Ist doch vollkommen egal, wie wir aussehen und was andere über uns denken oder in welcher Gemütsverfassung andere sind – es hat nichts mit *meinem* Wohlbefinden zu tun. Das steht einem nicht nur zu, sondern ist hilfreich in jeder Situation. Die unterschiedlichen Gefühle und Stimmungen werden nicht ungut vermischt – jeder bleibt auf seinem eigenen Weg und man spart sich Vorwürfe, die sich sonst schnell aus einem solchen Gefühlsknäuel ergeben können.

Wie wichtig es ist, jeden seinen eigenen Weg gehen zu lassen, wurde mir noch ein weiteres Mal während dieses etwas anderen Urlaubs vor Augen geführt.

Am Tag unserer Abreise aus Portugal gehen wir in eine Strandbar, die bisher immer geschlossen war. Wir sitzen dort beim Eis, im Hintergrund läuft Musik – und plötzlich trifft es mich völlig unerwartet: Ich realisiere, welches Lied gespielt wird und bin zutiefst berührt. Es ist der Song, den wir auf dem Rückweg vom Flughafen gehört haben, nachdem wir unsere Tochter, damals 15 Jahre, dort verabschiedet hatten, weil sie für ein Jahr ins Ausland gegangen war. Damals hatte ich Angst um sie, sie schien mir so jung und ich sehe noch vor dem geistigen Auge, wie sie allein Richtung Gate ging. Ich musste loslassen und vertrauen. Das war das Hilfreichste, was ich für sie und auch für mich tun konnte. Ihr zutrauen, dass sie das Ankommen in der für sie komplett neuen Welt meistert und daran wächst.

Ich dachte immer, dass ich mich leicht lösen und loslassen kann – doch in dieser Situation fiel es mir unendlich schwer. Ich hatte lange das Gefühl, dass ich meine Tochter beschützen muss. Mit immer mehr Abstand gelang es, loszulassen – und sie ist wunderbar an dieser Auslandserfahrung gewachsen.

Ich kam über diese Situation zu der Erkenntnis: Wenn ich es schaffe, meine Tochter loszulassen, sie ihren eigenen Weg gehen lasse und Vertrauen in sie habe, schaffe ich das in jedem anderen Bereich auch!

Loslassen, Kontrolle abgeben, vertrauen – sie sind immer wieder treue Helfer auf dem eigenen Weg.

Ruhe für die Ruhe

Kennst du das? Du schaust in deinen Kalender und nimmst dir vor, mehr Zeit für dich einzuräumen und trägst dir auch entsprechend Zeitfenster in den Kalender ein. Und dann kommt das Leben und die Realität in den Alltag gesprungen - das geplante „nur für mich sein" schmilzt an allen Enden.
In solchen Momenten kann ich wütend auf mich werden. Warum bekommst du das nicht besser hin? Warum achtest du nicht auf dich? Warum grenzt du dich nicht mehr ab? Das ist die eine Sicht auf die Dinge.

Die andere Sicht ist: Wenn ich dann in meinen Kalender schaue, gibt es auf den zweiten Blick aber dennoch Lücken. Ich habe zwar nicht so viele Freiräume geschaffen, wie ich mir vorgenommen hatte, aber ich habe welche geschaffen. Freiräume für ‚nichts‘, für Ausatmen und Rückzug.
Was das Einnehmen dieser Perspektive schwierig macht, ist einzig meine innere Erlaubnis – mir Ruhe für die Ruhe zu gönnen. Es mir zuzugestehen und mir wert zu sein, den Rückzug zu genießen, statt mich schlecht zu fühlen, weil ich scheinbar Wichtiges ablehne. Natürlich gibt es immer auch Dinge, die ich nicht verschieben kann, doch es gibt auch Themen oder Termine, bei denen ich ‚Ja‘ sage, obwohl ich ‚Nein‘ antworten könnte.
Das Wichtige für den eigenen Weg ist also (wieder einmal) die Selbstfürsorge. Wenn ich gut für mich sorge, kann ich gut für andere da sein.

Sinn und Salutogenese

Nach unterschiedlichen persönlichen Beispielen bringe ich zum Abschluss dieses Kapitels das Thema des eigenen Weges auf eine übergeordnete Ebene.

Der israelisch-amerikanische Medizinsoziologe Aaron Antonovsky (1923-1994) prägte den Ausdruck Salutogenese in den 1980er Jahren als komplementären Begriff zur Pathogenese. Das Salutogenese-Modell setzt sich mit der Frage auseinander: „Was erhält einen Menschen gesund?"

Ein elementarer Bestandteil eines gesunden Daseins ist der Sinn im Leben. Nach Aaron Antonovsky sind insgesamt drei Aspekte für die Entstehung von Gesundheit – auch Kohärenzgefühl genannt – wesentlich:

- *Verstehbarkeit:*

  Meine Welt ist verständlich, stimmig, geordnet; auch Probleme und Belastungen, die ich erlebe, kann ich in einem größeren Zusammenhang sehen. Ich muss eine Situation nicht gut finden, aber ich kann sie in einen Gesamtkontext einordnen.

- *Handhabbarkeit:*

  Das Leben stellt mir Aufgaben, die ich lösen kann. Ich verfüge über Ressourcen, die ich zur Meisterung meines Lebens, meiner aktuellen Probleme mobilisieren kann. Ich kann das eigene Leben gestalten. Das Außen kann ich vielleicht momentan nur bedingt beeinflussen, aber ich kann mit meiner inneren Haltung darüber entscheiden, wie und was ich denke.

- *Sinnhaftigkeit:*
  Für meine Lebensführung sind Anstrengungen sinnvoll. Es gibt Ziele, Menschen und Projekte, für die es sich zu engagieren lohnt. Es ist die Frage nach dem „Wofür?"

Wenn nur einer der Aspekte nicht erfüllt ist, kann es zu Beeinträchtigungen kommen. Wenn wir zum Beispiel keinen Sinn mehr sehen in dem, was wir tun, oder den Eindruck haben, Dinge nicht mehr selbst in der Hand zu haben, kann es uns krank machen. Wenn einer dieser Aspekte nicht erfüllt ist, können wir unseren eigenen Weg nicht mehr klar erkennen. Sollten wir also merken, dass irgendetwas aus dem Ruder läuft, wir unzufrieden sind, unruhig oder ungehalten, so lohnt es sich, sich mit diesen drei Aspekten auseinanderzusetzen und damit, wie ich sie positiv beantworten kann, um wieder sicheren Boden unter den Füßen zu haben.

Ich komme zurück auf die ziemlich besten Freunde: Intuition und Mut. Sie sind der Wegweiser auf dem eigenen Weg. Die Intuition zeigt uns an jeder Weggabelung, welche Richtung richtig ist und uns weiterbringt. Und der Mut hilft, an jeder Weggabelung den für uns passenden Weg auch einzuschlagen und zu gehen – selbst, wenn im Außen manchmal alles gegen diesen Weg zu sprechen scheint. Intuition und Mut wollen immer das Beste für uns, sie belügen uns nicht.

Wenn wir uns diesen beiden Freunden anvertrauen und uns von ihnen leiten lassen, ist auch der Verstand klar und ruhig. Diese Grundlage ist dann unser Fundament, unser Boden und sicherer Hafen. Von dort aus fällt es leicht, Verantwortung für das eigene Leben zu übernehmen, sich gesund von anderen abzugrenzen und raus aus der Dauerschleife von Bewertung und Beurteilung zu kommen. Auf diesem Boden können wir hinderliche Kontrolle loslassen, an Wendepunkten innehalten und mutig eine neue Richtung einschlagen. Wir nehmen uns selbst sowie andere ernst und schätzen die Andersartigkeit des Anderen. Wir wahren unsere Würde und gehen aufrecht den eigenen Weg.

Lebensgeschichten, die Mut machen

Ich komme an dieser Stelle wieder auf Viktor Frankl zurück: „Der Mensch kann innerlich stärker sein als sein äußeres Schicksal", diese Erfahrung hatte er im Konzentrationslager gemacht. Frankl ist in dieser Zeit zu der Überzeugung gelangt, dass „die geistige Freiheit des Menschen, die man ihm bis zum letzten Atemzug nicht nehmen kann, ihn auch noch bis zum letzten Atemzug Gelegenheit finden lässt, sein Leben sinnvoll zu gestalten".

> *„Ich wusste, man kann mich zu Asche machen.*
> *Aber ich wusste auch, dass es etwas in mir gibt,*
> *das nicht sterben kann"*
> *(Jehuda Bacon, Auschwitz-Überlebender)*

Diese Äußerungen von Menschen, die Unvorstellbares erlebt und überlebt haben, beeindrucken mich zutiefst. Es beeindruckt mich, wie es gelingen kann, noch unter allerwidrigsten Umständen dem Leben Sinn abzugewinnen und sich die eigene Würde zu bewahren. Vor diesem Hintergrund interessiere ich mich schon lange für unterschiedlichste Biografien und Lebenswege, lerne von und an ihnen. Auch im Rahmen meiner Coaching-Tätigkeit begegne ich immer wieder Menschen, die mich beeindrucken, weil sie sich mutig sich selbst stellen und ihr Leben verantwortungsbewusst in die Hand nehmen. So manches Mal dachte ich, dass auch viele andere

Menschen von deren Umbrüchen und Wendepunkten hören sollten, weil es eine Bereicherung für alle wäre.

Einen Ort für Begegnung schaffen – das ist mittlerweile durch unser Seminarhaus in Norby Realität geworden – und doch schlummerte da weiter eine gewisse Unruhe im Hintergrund. Ich ahnte, dass da noch mehr kommt.
So sprach mich eines Tages ein Freund an und fragte mich: „Hast du schon mal von der Human Library gehört?". Hatte ich nicht, doch allein der Titel machte mich neugierig und so machte ich mich im Internet auf die Suche nach Informationen dazu. Sehr schnell wurde mir klar: Das ist es! So kannst du weitere Räume für Begegnung schaffen.

Was ist die Human Library?
Zum Hintergrund:
Die Human Library startete im Jahr 2000, gegründet von dem Dänen Ronny Abergel. Er wollte dazu beitragen, dass Vorurteile in der Gesellschaft abgebaut werden und ein besseres menschliches Miteinander erreicht wird. Insbesondere geht es ihm darum, dass gerade Menschen, die eher am Rand der Gesellschaft stehen, Gehör finden und stereotype Ansichten verändert werden. Mittlerweile fanden die Veranstaltungen schon in 70 verschiedenen Ländern statt.

Was ist die Human Library für mich als Anliegen:
Es geht um die Idee einer Menschlichen Bibliothek – um lebende Bücher zum Ausleihen.

Die "Bücher" in dieser Bibliothek sind Menschen mit ungewöhnlichen Lebensgeschichten bzw. Themen. Sie stehen den Besuchern, den „Lesern" der Veranstaltung, in persönlichen Gesprächen für einen Austausch und Fragen zur Verfügung. Diese Menschen sind durch Krisen und Umbrüche gegangen, haben neue Wege eingeschlagen und sind an diesen Situationen gewachsen sind. Es sind Menschen, die bereit sind, ihre Erfahrungen mit anderen zu teilen, die von den Fähigkeiten, die ihnen an Wendepunkten geholfen haben, erzählen.

Es geht mir mit der Human Library in erster Linie um Begegnung zwischen Menschen und Erkenntnis durch Begegnung. Um Horizonterweiterung durch das Hören von Lebensgeschichten und den Austausch zu spezifischen Themen oder auch Berufen. Um menschliches und respektvolles Miteinander. Es soll einen Beitrag dazu leisten, Menschen nicht in Schubladen zu stecken, Vorurteile zu überwinden und eigene Einstellungen zu überdenken.

Die Idee für dieses Projekt war also geboren, aber wie kann es gelingen, dass sich Menschen trauen, eine solche Veranstaltung auch zu besuchen? Zu Hilfe kam mir die Veranstaltung „4 lange Nächte im November" der Stadt Eckernförde. Über diesen Weg gelang es mir, im November 2022 eine erste Human Library in der „Langen Nacht der Literatur" zu veranstalten, und zwar in der Stadtbücherei. Ein wundervoll passender Ort, ein Ort voller Bücher, den jeder gern betritt.

Fünf lebende Bücher haben sich für eine Gruppe von Lesern an diesem ersten Abend zur Verfügung gestellt, sich mutig geöffnet und Einblick in ihr Leben gegeben. Die Leser haben zugehört und Fragen gestellt – ein dichter Austausch entstand und sowohl die Leser als auch die Bücher sind anders und bereichert aus dieser Veranstaltung herausgegangen. Auch wenn es für den einen oder die andere hochgestochen erscheinen mag, für mich war an diesem Abend auch Heilung durch Begegnung spürbar.

Die Menschen der Human Library sitzen dort als lebendes Buch, weil auch sie noch in tiefen Tälern im Leben einen Sinn sehen konnten, sich ihre Würde bewahrt haben. Weil sie erkannt haben, dass Freiheit eine Entscheidung ist und es in ihrer Hand liegt, wie sie ihr Leben betrachten und ob sie die Stärken, die aus leidvollen Erfahrungen erwachsen, erkennen und nutzen. Wenn dem nicht so wäre, hätten sie in entscheidenden Momenten weggesehen oder aufgegeben, würden nicht als lebendes Buch in der Human Library sitzen.
Einige dieser ersten lebenden Bücher möchte ich nun mit deren ausdrücklicher Erlaubnis hier vorstellen (Namen geändert). Ich möchte dich teilhaben lassen an diesen ungewöhnlichen Lebensgeschichten, die Mut machen und ich bin sehr dankbar, diesen Menschen begegnet zu sein.

Ein Leben ohne Beine
Das erste lebende Buch im Rahmen der Human Library ist Ella. Die Begegnung mit ihr werde ich ganz sicher nicht vergessen,

zu sehr hat sie mich beeindruckt. Ella ist eine Frau Anfang 60, die bis vor gut zwei Jahren im wahrsten Sinne des Wortes mit beiden Beinen voll im Leben stand, viel Fahrrad gefahren und gewandert ist, immer aktiv war. Mit ihrem Mann zog sie aus dem Rheinland in den hohen Norden, um dort nochmal ganz neu im nächsten Lebensabschnitt anfangen.

Der Neubeginn kam auch, allerdings ganz anders als sie es sich je hätte vorstellen können. Nach einem recht harmlosen Fahrradunfall wollte die Wunde nicht heilen. Nach und nach wurde der Gesamtzustand schlimmer – und am Ende einer zwei Jahre andauernden, unfassbar schmerzhaften Odyssee, mussten aufgrund einer sehr seltenen Form der Vasculitis in mehreren Operationen beide Beine amputiert werden.

Ella ist zwei Jahre durch tiefe Täler gegangen. Alle Werte, die sie bis dahin hatte, was sie ausmachte, all das war wie weggewischt, es gab nur noch den Schmerz. Erst als die Beine amputiert waren und der Schmerz damit aufhörte, „wurde ich wieder Ich", sagt sie und konnte sich wieder an das erinnern, was sie immer getragen und angetrieben hat. Es gab in der dunkelsten Zeit auch Momente, in denen sie kurz davor war, aufzugeben. Doch es waren immer wieder kleine Gesten, die sie durchhalten ließen: Kleine Gedichte, Gebete, gerbrannte Mandeln, die ihr jemand mitbrachte, Musik, die eine Freundin für sie aufgenommen hatte und ihr Mann, der wie ein Fels in der Brandung für sie da war.

Heute steht Ella wieder voll im Leben, in großer innerer Stärke. Sie hat ihr Leben in die Hand genommen und gleichzeitig gelernt, auch Hilfe annehmen zu können. Auf die Frage, was ihr

geholfen hat, sich selbst wieder nach oben zu ziehen, sagte sie:
Ich habe nicht gekämpft, ich habe standgehalten – und ich
wollte einfach leben!
Dieser Satz hat mich sehr beeindruckt - darin steckt für mich:
ICH - Vertrauen in sich selbst.
WILL – Der Wille versetzt Berge.
LEBEN – Freude, Hingabe, Demut und Dankbarkeit, Glaube an
einen Sinn.
Unser Gespräch war ernsthaft und gleichzeitig haben wir viel
gelacht. Und es lag viel Zukunft darin – für uns beide.
Ich ziehe tief den Hut vor dieser Frau und bin ihr sehr dankbar
für die Begegnung. Wir haben uns Raum geschenkt, eine
Stunde gemeinsame Lebenszeit verbracht und sind beide daran
gewachsen.

Frauenhaus

Mit dem Wort Frauenhaus wird vielfach ein Zufluchtsort verstanden, an den sich Frauen, die Gewalt erleben, wenden können. Doch was ist Gewalt?
Andrea, eine technische Fotografin, hatte sich früh im Leben
in einen Mann verliebt und eine Tochter bekommen. Leider
hielt die Beziehung nicht, doch lernte sie, als ihre Tochter fünf
Jahre alt war, ihren zukünftigen Ehemann kennen und zog mit
ihm in den Norden, wo er in einer Klinik eine Stelle antrat. Andrea selbst sagt von sich in unserem Gespräch, dass sie damals
naiv und blauäugig war und sich einfach ein schönes, sorgloses
Leben an seiner Seite erhofft hatte. Was aber tatsächlich passierte, war, dass ihr Mann sie in finanzielle Abhängigkeit

brachte und sie damit, aber auch vielfach durch Worte, klein hielt und ihr immer wieder deutlich machte, dass sie nichts wert ist und froh sein kann, dass sie ihn hat. Heute sieht sie, dass sie es damals nicht geschafft hat, sich von ihm abzugrenzen und rutschte innerhalb von fast 15 Jahren immer weiter psychisch bergab.

Sie realisierte die Abhängigkeit, fühlte sich zugleich verantwortlich für die Tochter und blieb. Aus verbalen Angriffen wurde in einem Streit schließlich ein physischer, bei dem Andrea sich den Arm brach – und sie glaubte, dass es allein ihre Schuld sei. Sie wurde depressiv, konnte nicht mehr arbeiten, war schließlich gut drei Monate in einer Klinik. Und glaubte weiterhin, dass mit *ihr* etwas nicht stimmte. Nach dem Klinikaufenthalt verschlimmerte sich ihr Zustand. Bis schließlich der Tag kam, an dem ihr Mann ihr eröffnete, dass er sie in ein „Heim für Menschen, die mit dem Leben nicht klarkommen" bringen wird. Das war der Moment, der sie aus allem riss, sie dachte: „Der steckt mich weg, der weist mich ein, da komme ich nie wieder raus". Es war der Moment, in dem aus fast überwältigender Angst Mut wurde. Kurz darauf sagte sie zu ihm: „Ich gehe", was er mit Drohungen beantwortete. Doch sie ging, nachts, nur mit einer kleinen Reisetasche. Auch schon früher hatte sie oft überlegt zu gehen, aber da sie ohne ihn finanziell vollkommen mittellos war, traute sie sich nie diesen Schritt. Jetzt war es egal, der Mut war jetzt größer als die Angst und sie wohnte eine Woche bei einer Arbeitskollegin. Sie wollte ihr nicht weiter „zur Last" fallen, also suchte sie händeringend nach einer Alternative – ohne Geld zu haben. Bei ihrer Suche

stieß sie auf ein Frauenhaus und in ihrer Verzweiflung ging sie
dort hin, dachte noch: „Da kann ich wahrscheinlich nicht bleiben, er hat mich ja nicht geschlagen". Im Frauenhaus nahm
man sie jedoch sofort auf und eine Beraterin dort sagte zu ihr:
„Haben sie schon mal von psychischer Gewalt gehört?" In diesem Moment brachen alle Dämme und sie verstand vielleicht
das erste Mal, was all die Jahre abgelaufen war.

Sie blieb für längere Zeit dort, war am Anfang zu nichts in der
Lage und glaubte weiterhin, dass sie ohne einen Mann nicht
lebensfähig war.

Doch nach und nach kam sie zurück ins Leben und auf die
Frage, was ihr im Frauenhaus geholfen hat, sagt sie: „Da war
ich nicht mehr das kleine Mäuschen, sondern eine von vielen.
Ich wurde einfach so genommen, wie ich bin. Ich fühlte mich
dort so frei, konnte wieder machen, was ich wollte. Ich habe
mich wieder lebendig gefühlt."

Über das Frauenhaus bekam sie auch formal viel Unterstüt-
zung. Die Ehe wurde geschieden, sie konnte sich eine eigene
Wohnung mieten, hatte einen Job und damit einen geregelten
Tag.

Andrea ließ sich auch auf weitere Bekanntschaften mit Män-
nern ein, machte damit jedoch erst nur schlechte Erfahrungen.
Bis sie an dem Punkt war, an dem sie dachte: „Ich mach mir das
Leben allein schön, ich brauche keinen Mann!" Als sie diese innere Unabhängigkeit spürte, lernte sie ihren heutigen Ehemann kennen, mit dem sie glücklich und auf Augenhöhe lebt.

Auf die Frage, wer ihr in dieser Zeit besonders geholfen hat,
sagt sie:

„Vor allem die Frauen in dem Frauenhaus. Der Ort dort war
eine große Chance für mich.

Mein damaliger Chef, von dem ich wusste, dass er trockener
Alkoholiker war. Der wusste, wie es ist, ganz unten zu sein und
nicht mehr weiter zu wissen.

Mein Vermieter, als ich nach dem Frauenhaus eine Wohnung
suchte. Er hat mich als Mieterin ausgewählt, obwohl er wusste,
wo ich herkam und dass ich nur sehr wenig Geld hatte.“

Ich frage sie in unserem Gespräch: Was war das Gute an all
dem, was sie durchgemacht hat? Ihre Antwort ist: „Heute weiß
ich, ich bin nicht unterzukriegen. Mich wirft nichts um. Wenn
ich *das* geschafft habe, schaffe ich alles!“

Die Kraft unserer Wunden

Auch wenn wir eigentlich wissen, dass niemand es von uns ver-
langt und es sich auch niemals realisieren lässt, so glauben wir
doch immer wieder, perfekt sein zu müssen.

Doch was heißt perfekt sein? Fassade, Schein wahren, stark
sein?

Für mich bedeutet es, dass ich so wie ich bin, gut und richtig
bin. Mit all meinen Unzulänglichkeiten – und mit all meinen
Wunden. Denn es sind die Wunden, die uns ausmachen. Das,
was im Leben nicht so toll gelaufen ist, wo wir uns verrannt
haben, in Sackgassen geraten sind – und einen Weg wieder

rausgefunden haben. Durch geteilten Schmerz finden wir zueinander, fühlen wir uns einander zugehörig.

Im Rahmen meines Projektes der „Human Library" hatte ich auch ein Gespräch mit Christina, Ende 40. Von sich selbst sagt sie, dass sie immer geglaubt hat, stark sein und funktionieren zu müssen, keine Schwäche zeigen zu dürfen.

Sie war zwei Jahre zuvor an Brustkrebs erkrankt, ist durch dunkle Täler gegangen, steht jedoch heute wieder voll im Leben. Ich habe sie gefragt, was ihr geholfen hat, aus der Dunkelheit wieder ans Licht zu kommen. Sie sagte heute: „Dass ich um Hilfe gebeten habe. Dass ich mir eingestanden habe, allein nicht weiterzukommen. Dass ich mich für Hilfe geöffnet habe und dass ich mit anderen geredet habe. Dadurch habe ich erfahren, dass oft die wahre Stärke ist, Schwäche zu zeigen."

Es sind die Wunden, die Gemeinschaft schaffen, die uns zusammenbringen. Durch den Austausch mit anderen, durch das Erleben, dass es anderen Menschen ähnlich geht, einem selbst und durch das erfahren, dass wir nicht an Respekt verlieren, wenn wir die Fassade fallen lassen, sondern an Respekt gewinnen – wenn wir also unsere Wunden zeigen, wachsen wir an ihnen.

Das Gespräch mit Christina ist für mich eine weitere Lebensgeschichte, die Mut macht. Und ich möchte über diesen Weg allen Mut machen, sich verletzlich zu zeigen – denn in unseren Wunden liegt eine enorm leuchtende Kraft!

Welche Wendepunkte und Umbrüche im Leben hast Du gemeistert? Wärest Du bereit, Dich auch als ‚Buch‘ zur Verfügung
zu stellen?
Alle Kontaktinformationen sind auf der Website www.fermate-
lebende-buecher.de zu finden.

Mut-Vision: Was wäre, wenn...

Stell dir vor, dein innerer Kompass ist immer auf deinen persönlichen Nordstern ausgerichtet und weist dir klar und deutlich den Weg – in alltäglichen Situationen, an Weggabelungen des Lebens und wann immer Entscheidungen anstehen.
Stell dir vor, du fühlst dich ganz sicher in dir und weißt, was du willst, und stehst dazu.
Stell dir vor, dass diese Gedanken nicht allein Gedanken, sondern deine Realität und dein Leben sind.
Vielleicht fragst du dich jetzt, wie das möglich werden kann.
Die Antwort darauf ist: Durch deine ziemlich besten Freunde Intuition und Mut!

Ich habe viele Menschen kennengelernt, die glaubten, keine Intuition zu haben. Sie sagten mir: „Da ist nichts. Egal wie ich es versuche, ich sehe, höre und fühle nichts."
Das Gute ist: Es stimmt nicht! Jeder von uns trägt Intuition in sich, sie ist ein Teil von uns, immer da und unzerstörbar. Doch es kann sein, dass der Zugang zur Intuition gefühlt wie im dicksten Nebel verschwunden oder unter einem großen Berg an Geröll verschüttet ist, wie nicht mehr wahrnehmbar und unerreichbar. Das kann jedem passieren und es passiert besonders dann, wenn wir uns ausschließlich auf den Verstand fokussieren und meinen, alles mit dem Kopf im Griff haben zu müssen. Außerdem sind die meisten von uns so erzogen worden und bis heute wird in unserer Gesellschaft leider weiterhin

dem Verstand eine überproportional große Bedeutung beigemessen.

Zum Glück ist die Intuition nicht nachtragend. Sie wartet geduldig auf dich und sendet immer wieder Signale, sie wird nicht müde, sich bemerkbar zu machen. Dabei ist sie erstaunlich einfallsreich. Kennst du das? Du hörst im Radio einen Song, der etwas in dir wachruft oder dich eigenartig berührt; andere Menschen stellen dir im Alltag nebenbei eine Frage, die dich anschließend beschäftigt; dir wird auf einmal heiß oder dir wird eiskalt; du stehst unter der Dusche und „hörst" auf einmal ein Wort oder einen Satz oder manchmal „weißt" du einfach, was jetzt richtig für dich ist. Es gibt unendlich viele Möglichkeiten, wie sich Intuition zeigt.

Sie ist also immer da, nur der Weg zu ihr kann verschüttet sein – oder aber wir „hören" die Intuition, glauben ihr jedoch nicht und ignorieren sie. In solchen Momenten verprellen wir nicht nur die Intuition, wir vertrauen uns selbst nicht. Und wenn wir uns nicht vertrauen, haben wir keinen inneren Halt und fühlen uns unsicher. Aus der Unsicherheit heraus ziehen wir noch stärker den Verstand zu Rate und der Geröllhaufen auf der Intuition wird immer größer.

Wie kann es gelingen, auf die eigene Intuition zu hören und ihr zu glauben? Auf diese Frage gibt es keine Standardantwort und es gibt keine Checkliste, die es abzuarbeiten gilt. Denn so wie Mut viele Gesichter hat, ist die Stimme der Intuition vielfältig. Stell dir vor, die unsichtbare Intuition nimmt eine Gestalt an.

Ich persönlich nehme meine Intuition zum Beispiel als warme, goldhelle Stimme aus der Mitte meines Bauches wahr.
Welche Gestalt hat Intuition für dich und wie kommuniziert sie mit dir? Vielleicht weißt du es noch nicht - aber du kannst es herausfinden! Die Zugänge sind so unterschiedlich wie Menschen unterschiedlich sind. Die Zugänge sind ganz persönlich auf dich angepasst, sozusagen maßgeschneidert.

Mit ein paar Anregungen lade ich dich ein, die Tür zu deiner Intuition zu öffnen:

- Statt als goldwarme Stimme aus dem Bauch sitzt deine Intuition vielleicht als virtuelle Freundin neben dir. Du unterhältst dich mit ihr und sie antwortet.
- Vielleicht hast du beim Schnorcheln im Urlaub Schildkröten gesehen und eines dieser weisen Tiere spricht mit dir?
- Hattest du in der Kindheit ein Lieblingskuscheltier, das dir in allen Situationen geholfen hat? Das immer eine Antwort wusste?
- Fühlst du eventuell deine Intuition als wohligen Umhang, der dich wie ein Schutzengel umhüllt und leitet?
- Hast du ein Idol aus deiner Kindheit oder Jugendzeit? Einen persönlichen Helden aus Filmen oder Büchern? Du kannst dich fragen: „Was würde jetzt zum Beispiel der Vater von Winnetou sagen oder machen?" und dein Held antwortet dir.
- Ist Intuition eine Farbe für dich, die du fühlen kannst? Dass du zum Beispiel innerlich ruhig und sicher wirst, wenn du

ein sattes Rot, Dunkelblau oder Lindgrün in dir fühlst und dann weißt, dass etwas richtig ist.
• Was würden dir deine Oma oder dein Opa in einer ruhigen Minute lächelnd ins Ohr flüstern?

Um mit der eigenen Intuition in Kontakt zu kommen und zu bleiben, ist es wie im Sport oder beim Erlernen eines Musikinstruments: Es klappt nicht alles auf Anhieb, so wie wir es wollen. Wir müssen üben, ausprobieren, am Ball bleiben, Geduld haben – und ganz wichtig: es wollen!
Zum Einstieg hilft es, sich eine Wohlfühlumgebung zu schaffen, um die innere Stimme hören zu können. Auch sie ist bei jedem Menschen unterschiedlich, doch jeder kann sie in den Alltag integrieren. Es können Spaziergänge allein am Meer sein, das Gespräch mit einer vertrauten Person, ein Ausflug an einen neuen Ort, ein Museumsbesuch, der Becher Tee bei einer Kerze oder das Lesen eines guten Buches. Wenn du in einer Umgebung bist, die dir wohltut und dich inspiriert, bist du automatisch offener und empfänglicher, dich auf dich selbst einzulassen. Wie nebenbei wirst du deine Intuition hören, du wirst sie erkennen. Und dann, bevor der Verstand dir etwas anderes einredet, bleib dran und handele danach!
Je öfter du gute Erfahrungen damit machst, deiner Intuition zu vertrauen, umso leichter kannst du zu ihr stehen und die Kanäle, über die sich deine Intuition zeigt, werden immer vielfältiger. In dem Moment, in dem du deiner Intuition vertraust, gibt es keinen Zweifel mehr. Du wirst ruhiger, weil du dich

sicher fühlst. Denn Unsicherheit kommt aus dem Kopf, er stellt in Frage und zweifelt – Intuition weiß und lächelt.

Intuition ist das Sprachrohr der Seele. Und Mut ist das Sprachrohr der Intuition. Darum verstehen sie sich so gut und sind ziemlich beste Freunde. Und wie es bei Freunden oft ist: Sie sind sehr unterschiedlich, doch sie ergänzen sich perfekt. Und wenn sie gemeinsam auftreten, sind sie unschlagbar. Sie sind der Goldstaub, der dir deinen Weg streut und auf dem alles möglich ist!

Intuition zeigt dir den Weg auf und Mut lässt dich den Weg Schritt für Schritt gehen. Um den berühmten ersten Schritt hin zu dir leichter machen zu können, sind folgende Fragen hilfreich.

Wer bin ich und wo stehe ich gerade?

Um einer Antwort näher zu kommen, hilft die folgende Übung: Viele Menschen haben eine „ganz persönliche Insel", entweder real aus den Erinnerungen oder aus einer Wunschvorstellung heraus. Stell dir vor, du lebst auf dieser eigenen Insel:

- Wie würde deine ganz eigene Welt aussehen?
- Wie richtest du deine Welt ein, so dass es dir richtig gut geht? Womit würdest du den Tag verbringen? Was würdest du tun?
- Was macht dich zufrieden?
- Wann bist du voll und ganz im Moment und vergisst, was ungesund für dich ist (zum Beispiel zu viel Essen, Sport, Alkohol, eine unstimmige Arbeit oder auch Handynutzung)?

- Was hilft, deine Batterien voll aufzuladen und dich wie ein glücklicher, mit Zufriedenheit vollgesogener Schwamm zu fühlen?
- Wann blühst du auf und was lässt dich leuchten?
- Wann spürst Du wohlige Wärme?

Ein Beispiel:

Eine junge Frau sucht das Gespräch mit mir, weil sie mit ihrer aktuellen Lebenssituation unzufrieden ist. An sich ist scheinbar alles in Ordnung, sie arbeitet in einem Beruf, der ihr gefällt, engagiert sich, sucht soziale Kontakte und trifft sich regelmäßig in ihrer Freizeit mit anderen. Gleichzeitig ist sie oft müde, erschöpft, fühlt sich unausgeglichen und ungesund.

Gemeinsam sind wir die Fragen zum Leben auf der eigenen Insel durchgegangen und sie erkannte: Im Grunde ihrer Seele verbringt sie am liebsten die meiste Zeit allein mit sich. Sie ist vielseitig interessiert und es macht sie glücklich, wenn sie autodidaktisch jede Form von Wissen aufsaugen kann. Sie genießt es, allein in die Natur zu gehen und Zeit für das Kochen kreativer neuer Rezepte zu haben, die sie für sich zubereitet.

All das macht sie auch bedingt zufrieden – doch sie kann es nicht genießen, weil sie sich dafür innerlich bisher nicht die Erlaubnis geben konnte. Sie glaubte, scheinbar erwarteten Konventionen entsprechen zu müssen. Konkret bedeutet das in ihrer Lebenssituation, viele Abende und Wochenenden gemeinsam mit anderen unterwegs zu sein und abends durch Bars zu ziehen.

Sie realisiert: Ich bin gern „sozial" und ziehe mit anderen durch Bars, gern auch bis in die frühen Morgenstunden – doch dafür muss das Reagenzglas des „Ich bin allein mit mir" erst vollständig gefüllt sein. Wenn das gegeben ist und sie sich aus freien Stücken entscheidet, sich mit anderen zu treffen – und nicht nur, weil „es erwartet wird und man es so macht" – dann kann sie sich gut auf andere Menschen einlassen, es genießen, statt sich müde und erschöpft zu fühlen.

Ihre ganz persönliche Insel der Zufriedenheit ist es, viel Zeit für sich zu haben und diese Zeit mit ganz unterschiedlichen Interessen zu füllen. Es ist ihr Nährboden für Ausgeglichenheit und Gesundheit. Mit diesem Nährboden kann sie sich gesellig und vor allem freiwillig auf andere einlassen. Sie hat gelernt, ihrer Intuition zu glauben. Sie hat ihr geholfen, sich selbst zu vertrauen und den Mut zu haben, zu sich zu stehen und ihre Freizeit so zu gestalten, wie es ihr entspricht, unabhängig davon, wie andere dies tun.

Wo will ich hin?

Bei den vielen Möglichkeiten, die unsere Welt bietet und den vielen Einflüssen, denen alle ausgesetzt sind, ist diese Frage mitunter nur recht schwierig zu beantworten. Um diesem Ziel einfacher auf die Spur zu kommen, sind an dieser Stelle die folgenden Fragen hilfreich. Sie führen Dich zu deinem inneren Bild, zu deiner Vision, die bereits in dir ruht – um zur besten Version deines Selbst zu werden. Hier einige Anregungen:

Stell dir vor Du bist mutig: Was wäre, wenn…

- Du ehrlich zu dem stehst, was Dir guttut?
- es Dir egal ist, was andere dann denken?
- Du bei Entscheidungen auf Dich und Dein tiefstes Inneres hörst statt auf andere?
- Du Dich von ausbremsenden Gewohnheiten löst? Welche Gewohnheiten sind es?
- Du Antworten in *Dir* findest, statt bei anderen?
- Du verinnerlichst, dass das Leben es gut mit Dir meint, wenn *Du* es gut mit Dir meinst?
- Du *fühlst* statt *funktionierst*?
- Du Dich freudig auf den Strom des Lebens einlässt?
- Du in jeder Pfütze den Himmel siehst?
- Wenn Du Dich auf das zurückbesinnst, was Du immer schon machen wolltest?

Was verändert sich dadurch alles in Deinem Leben?

Statt „Mut zur Lücke" mit „Mut in die Lücke"

Zwischen den Fragen zum aktuellen Stand und der Vision, die du verwirklichen willst, wird die dazwischenliegende Lücke sichtbar. Diese Lücke kannst du füllen, wenn du deine Komfortzone verlässt – ein Vergnügen, das im ersten Moment Mut bedarf.

Denk daran: Du tust es nicht für andere, sondern ausschließlich für dich!

Was bedeutet das konkret?

Es bedeutet *nicht*, etwas zu tun, was dir gar nicht entspricht, das wäre ein unechtes Verbiegen und Anpassen. Sondern es bedeutet, sich für etwas zu strecken und über sich hinauszuwachsen. Sich anzustrengen, um das zu erreichen, wohin es einen zieht. Denn: Wer ein „Wofür" hat, nimmt fast jedes „Wie" in Kauf!

Ein paar Alltagsbeispiele:

- Wenn du eine Sprache lernen willst, abends Grammatik lernen, statt eine Serie schauen.
- In einem Meeting Vorschläge machen und etwas einfordern, obwohl du am liebsten im Hintergrund bleiben möchtest.
- Endlich den Kleiderschrank ausmisten, obwohl du dich schwer von Dingen trennen kannst.
- Andere Menschen an deinen Beweggründen für Entscheidungen teilhaben lassen, obwohl du gedanklich schon drei Schritte weiter bist.
- Sport machen, obwohl du lieber auf dem Sofa sitzen würdest.

Um aus der Komfortzone herauszutreten, sind nicht zwingend große Veränderungen nötig. Wie in den Beispielen dargestellt, führen uns schon kleine Änderungen im Alltag näher zu uns. Das Gefühl, das sich nach erfolgreichem Verlassen der Komfortzone einstellt, ist ein Glücksgefühl, das inspiriert und Mut macht, mehr zu wagen und sich weiter auszuprobieren und auszudehnen.

Und das Gute an den beschriebenen Schritten ist: Du brauchst immer nur Mut für die nächste Stufe, nicht für die ganze Treppe. Natürlich klappt auch etwas mal nicht so gut und es gibt Rückschläge. Doch wenn es dir gelingt, jeden Schritt mit einer Prise Humor zu verfeinern, gelingt er umso leichter!

Seit vielen Jahren begleitet mich ein Spruch von Benjamin Franklin, der mir schon oft geholfen hat, mutig aus der eigenen Komfortzone herauszutreten:

„Wer die Freiheit aufgibt, um Sicherheit zu gewinnen,
wird am Ende beides verlieren"
Benjamin Franklin

Positiv ausgedrückt: Wer Sicherheit will, lernt Freiheit lieben! Wenn du den Mut hast, aus deiner Komfortzone herauszutreten, fühlst du dich im ersten Moment unsicher und wackelig. Du musst das gewohnte Geländer loslassen, doch dafür können sich deine Füße jetzt frei bewegen und den nächsten Schritt gehen. Mit jedem Schritt wird der Tritt sicherer und du findest neuen Halt. Du erweiterst deinen Raum der Möglichkeiten und den eigenen Horizont. Du wirst mit jedem Schritt freier, mutiger und sorgst dafür, dass dein inneres Bild von dir zur Realität wird. In diesem Bild von dir liegt alle Sicherheit und alle Freiheit zugleich.

Zu guter Letzt

Wir sind am Ende dieses Buches angekommen. Das Buch ist auch eine Reise durch mein bisheriges Leben, dadurch ist es sehr persönlich geworden. Ich danke dir, liebe Leserin und lieber Leser, dass du mitgekommen bist auf diese Reise und ich wünsche dir, dass du an der einen oder anderen Stelle einen Impuls gefunden hast, der dir auf *deiner* mutigen Reise durch das Leben hilft. Vielleicht, weil etwas Neues dabei war. Vielleicht, weil du jetzt manches besser verstehst bzw. mit anderen Augen siehst. Vielleicht, weil du dich daran erinnerst, wie wertvoll es ist, die eigene Intuition zu hören, ihr zu glauben und sich an ihr als Sprachrohr deiner Seele zu orientieren.
Und es sind immer wieder Begegnungen mit anderen Menschen, in denen wir uns selbst begegnen und an denen wir wachsen. Die uns Hinweise für unseren Weg geben, die uns dabei helfen, mutig zu sein – sei es über Zuspruch oder auch, indem wir uns von ihnen abgrenzen. Jede Begegnung mit einem anderen Menschen kann eine Perle sein, auch wenn sie sich zunächst wie ein Kieselstein im Schuh anfühlt.

Ich hoffe, dieses Buch macht dir Mut. Den Mut, einfach du zu sein. Schnörkellos und bodenständig.
In der Einfachheit wird das Besondere sichtbar. Du bist besonders, wir alle sind es! Wenn du dich aus dieser Einfachheit heraus besonders erlebst, gehst du automatisch würdevoll mit dir selbst um und bist frei. Du musst nicht mehr andere auf ein Podest stellen und dich dort anlehnen, du musst dich nicht mehr

kämpferisch und wütend von anderen abgrenzen. Du kannst dich lächelnd auf das Leben einlassen und aushalten, dass manches im Leben eben ist, wie es ist. Du bist frei davon, etwas Besonderes leisten, vorweisen oder darstellen zu müssen. Du bist einfach DU. In all deiner Schönheit und Einzigartigkeit. Das nennt man Selbstliebe. Sie ist der Weg, der sich vor dir ausbreitet und dich erwartet.
Und deine besten Freunde – Intuition und Mut - sind bei dir!

Ich danke zutiefst allen Menschen, die mich auf meinem Weg begleiten und mich während des Schreibens dieses Buches vielfach und unterschiedlich inspiriert haben.
Ganz besonders danke ich meiner Familie. Ihr seid Goldperlen in meinem Leben!

Literaturverzeichnis

- Antonovsky, Aaron, *Salutogenese. Zur Entmystifizierung der Gesundheit*, Reutlingen 1997
- Betz, Robert, *Willst du NORMAL sein oder GLÜCKLICH?*, München 2011
- Devivere von, Beate, *Sinn und Arbeit*, Berlin 2021
- Ende, Michael, *Die unendliche Geschichte*, Stuttgart 2019
- Fleisch, Nico H., *Das Quartett der Persönlichkeit*, Bern 2020
- Frankl, Viktor E., *Trotzdem Ja zum Leben sagen*, München 2018
- Fromm, Erich, *Haben oder Sein*, München 2005
- Gamper, Jwala, *Fingerzeige*, Fügen 2014
- Hofmeister, Susanne, *Mein Lebenshaus hat viele Räume*, München 2019
- Hüther, Gerald, *Würde*, München 2019
- Human Library: https://humanlibrary.org/
- Riemann, Fritz, *Grundformen der Angst*, München 1984
- Rowling, J.K, *Harry Potter Band 3*, Hamburg 1999
- Schulz von Thun, Friedemann, *Miteinander Reden II*, Hamburg 2010
- Schulz von Thun, Friedemann, *Erfülltes Leben*, München 2021
- Seethaler, Robert, *Der letzte Satz*, München 2021
- Sher, Barbara, *Ich könnte alles tun, wenn ich nur wüsste, was ich will*, München 2011
- Thomann, Christoph, *Klärungshilfe 3*, Hamburg 2007
- Wais, Mathias, *Das Ich findet sich, wenn es sich loslässt*, Esslingen 2010

Über Springboard Edition

Springboard Edition ist ein Publishing-Unternehmen, das Expertise – Fach- und Sachwissen von Menschen aus Wissenschaft und Praxis – in englisch- sowie deutschsprachigen Märkten verbreitet. Die Non-Fiction-Publikationen umfassen Bücher (Sach-, Fachbücher, Ratgeber; E-Books, Taschenbücher, Hardcover) sowie Online-Kurse und Seminare.

Zum Abschluss ein Wort von Verlegerin zu Autorin:
Ina, aufgrund der Empfehlung einer anderen Autorin hast du
mich angesprochen. Sofort hat es in der Zusammenarbeit
gepasst, als hätten wir schon jahrelang zusammengearbeitet.
Es war mir ein großes Vergnügen, dein Buchprojekt begleiten zu
dürfen. Viel Erfolg!
Danke für dein Vertrauen.
Ulrike Posselt

Fragen? Gerne per E-Mail an:
publish@springboardedition.de
https://springboardedition.de